NOTICE

DE

DOUZE LIVRES ROYAUX

DU XIIIE ET DU XIVE SIÈCLE

NOTICE

DE

DOUZE LIVRES ROYAUX

DU XIIIE ET DU XIVE SIÈCLE

PAR

LÉOPOLD DELISLE

MEMBRE DE L'INSTITUT
MEMBRE DE LA SOCIÉTÉ DE L'ÉCOLE DES CHARTES
ET DE LA SOCIÉTÉ DE L'HISTOIRE DE FRANCE

DÉDIÉE A M. AUGUSTE HIMLY

MEMBRE DE L'INSTITUT
ANCIEN PRÉSIDENT DE LA SOCIÉTÉ DE L'ÉCOLE DES CHARTES
ET DE LA SOCIÉTÉ DE L'HISTOIRE DE FRANCE

PARIS

IMPRIMERIE NATIONALE

—

1902

A Monsieur Auguste Himly.

Mon cher confrère & ami,

Quand je vis paraître au commencement de cette année, à
Londres & à Rome, la reproduction phototypique de deux
admirables manuscrits sortis depuis plus ou moins longtemps
de nos bibliothèques françaises, le Pontifical de Renaud de
Bar, évêque de Metz, & le Virgile en lettres capitales & à
peintures de l'abbaye de Saint-Denis, je m'arrêtai à l'idée de
signaler l'intérêt de ce genre d'éditions dans le discours par lequel
je devais avoir l'honneur d'ouvrir, au mois de mai, la séance
annuelle de la Société de l'Histoire de France. J'ignorais alors
le complot qui devait éclater à la suite de cette séance & que
de trop bienveillants amis avaient tramé pour rappeler, au bout de
cinquante ans, la date de mon entrée au Conseil de cette Société
& au Comité de publication de la Société de l'École des chartes.
Ils avaient décidé d'inscrire mon nom en tête d'une reproduction
de deux importants manuscrits d'origine française, aujourd'hui
conservés l'un à Rome, l'autre à Turin. Rien ne pouvait plus

flatter mes goûts qu'une telle publication. Comment n'aurais-je pas été charmé d'avoir fourni l'occasion d'un travail utile à nos communes études, & qui, en nous rendant l'image fidèle & impérißable de deux manuscrits sortis, le premier de l'abbaye de Saint-Étienne de Caen, & le second de l'incomparable librairie de Jean, duc de Berri, devait, jusqu'à un certain point, combler dans nos collections une double lacune, sujet de regrets pour les amis de l'historiographie & du vieil art français.

Pour les conjurés, ce n'était pas aßez d'avoir porté leur choix sur deux manuscrits qui devaient tout particulièrement m'intéreßer. Ils avaient voulu que la présentation au public en fût faite par mon chef de promotion à l'École des chartes, camarade & confrère dévoué, qui, depuis cinquante-six ans, n'a ceßé de me prodiguer des témoignages de son amitié.

C'eß cette vieille amitié, mon cher Himly, qui vous a dicté les paroles prononcées dans notre réunion du 6 mai dernier. Sous le coup d'une trop légitime émotion, je ne vous ai pas alors remercié comme je l'aurais dû; je n'ai pas suffisamment dit combien m'avait touché la démonßration, beaucoup trop éclatante, des amis qui vous avaient pris pour interprète de leurs sentiments. Mais vous außi, mon cher Himly, n'avez-vous pas, au moins sur un point, incomplètement accompli votre tâche? Avez-vous aßez mis en relief la beauté & la valeur des deux volumes dont vous annonciez l'apparition? Avez-vous aßez insißé sur la part qui revient à nos confrères, MM. Omont & Durrieu, dans l'exécution de ces deux volumes? L'aßißance a-t-elle aßez salué de ses applaudißements la nouvelle preuve de la sollicitude éclairée dont le premier entoure tous les genres de manuscrits & du zèle *infatigable qu'il met à les faire connaître par des catalogues, des dißertations & des reproductions photographiques ? A-t-elle suffisamment témoigné, dans cette circonstance, combien elle s'intéreßait aux remarquables résultats obtenus par le second dans ses recherches sur les chefs-d'œuvre de la peinture française du moyen âge, aujourd'hui dispersés à tous les coins de l'Europe ? Mais c'était peut-être à moi de signaler le grand mérite des deux ouvrages dont vous remettiez entre mes mains des exemplaires sortis des ateliers de Rome & de Turin ?*

J'ai encore une autre observation à vous soumettre. Vous m'avez très aimablement invité à décrire les Heures du duc de Berri, dont, grâce à votre complot, nous poßédons aujourd'hui le fac-similé. Je ne saurais répondre à cette invitation. A la date du 6 mai, il ne nous avait encore été donné, ni à vous ni à moi, de lire l'introduction dont M. le comte Durrieu a fait précéder les phototypies. Nous avons pu depuis admirer la précision avec laquelle il a décrit les Heures telles qu'elles sont conservées à la bibliothèque de Turin, & la clairvoyance avec laquelle il a distingué les différentes couches de compléments ajoutés à la partie primitive du manuscrit. Par une argumentation außi solide qu'ingénieuse, il a démontré, ce que personne n'avait jusqu'alors soupçonné, que le manuscrit de Turin n'était qu'un morceau du livre enregistré sous le titre de Très belles Heures *dans un des inventaires du trésor du duc de Berri, — que les autres cahiers ou feuillets subsistants du même livre sont partagés entre le cabinet de Mme la baronne Adolphe de Rothschild, le musée du Louvre & la bibliothèque du prince Trivulcio, à Milan, — enfin, que la réunion de ces différents morceaux correspond exactement à la* *composition d'un autre livre du duc de Berri, les* Petites Heures, *conservé à la Bibliothèque nationale.*

Si nous sommes aujourd'hui parfaitement édifiés sur la partie des Très belles Heures *que poßède la bibliothèque de Turin, il reße bien à étudier les parties dont l'exißence vient d'être si heureusement reconnue chez Mme la baronne Adolphe de Rothschild et chez le prince Trivulcio. Mais M. le comte Durrieu eß seul en état d'accomplir ce travail, & il ne tardera guère, soyons-en certains, à nous en faire jouir.*

Vous voyez, mon cher ami, qu'il m'eß impoßible de mettre le pied sur un terrain que vous aviez songé à m'attribuer & dont un occupant beaucoup plus digne a déjà pris poßeßion : mieux que personne il a su & saura le mettre en valeur.

Je me garderai donc bien de toucher aux Très belles Heures *du duc de Berri; mais, pour ne pas reßer sourd à votre appel, je me permettrai de vous communiquer, à vous & à nos confrères, amis des manuscrits à peintures, quelques notes relatives à une catégorie de livres royaux du XIIIe & du XIVe siècle : plusieurs ont été déjà étudiés & appréciés par des juges compétents; mais j'espère pouvoir ajouter quelques renseignements nouveaux à ce qui a été dit précédemment sur cette intéreßante matière.*

C'eß donc sous bénéfice d'inventaire, à titre de souvenir & comme témoignage de gratitude, que je vous dédie des notes dont toute la valeur tient à l'importance du sujet. Ce ne sont que des bribes; mais les noms que vous y verrez à chaque page, Ingeburge *&* Philippe Auguße, Blanche de Caßille *&* saint Louis, Philippe le Bel, la reine Jeanne d'Évreux, Jeanne de France, reine de Navarre, Bonne de Luxembourg, Charles V *&* Jean, duc de

Berri, suffisent pour recommander des livres, véritables œuvres d'art, auxquels le souvenir de ces personnages est authentiquement attaché.

Vous comprendrez & vous partagerez, mon cher Himly, le plaisir qu'éprouve à converser avec ces témoins du passé votre vieux camarade, confrère & ami,

Léopold DELISLE.

NOTICE

DE

DOUZE LIVRES ROYAUX

DU XIIIe ET DU XIVe SIÈCLE.

I

PSAUTIER DE LA REINE INGEBURGE.

(Musée Condé à Chantilly.)

Je me propose d'étudier ici une série de livres, Psautiers, Heures et Bréviaires, qui ont servi aux dévotions de rois, de reines, de princes et de princesses de la Maison de France, au XIIIe et au XIVe siècle. La série s'ouvre par un manuscrit qui tient une grande place dans mes souvenirs de bibliothécaire et de bibliophile. Le 11 avril 1867, il me fut donné de le feuilleter pour la première fois, pendant quelques instants, sous les yeux d'un notaire qui avait à en estimer la valeur pour le règlement d'une succession. Mon examen, tout rapide qu'il eût été, avait suffi pour m'en faire reconnaître l'intérêt, et je n'eus pas de peine à faire partager à M. Taschereau, alors administrateur de la Bibliothèque impériale, mon très vif désir de le voir entrer au Département des manuscrits. La négociation alors entamée ne put aboutir. Nous ne réussîmes pas davantage, quand, un peu plus tard, M. le duc de La Trémoïlle s'entremit pour nous le faire acquérir. M. le duc d'Aumale fut plus heureux : il tint à honneur d'en assurer la possession à la France, et il n'épargna rien pour atteindre son but. En lisant le brillant article qu'il a consacré au Psautier d'Ingeburge dans le premier volume du Catalogue de ses manuscrits, on devine quelle joie il éprouva le jour où il put l'incorporer dans les collections du Musée Condé. Moins que personne je ne saurais avoir la prétention de refaire une œuvre si parfaitement accomplie; mais je ne crois pas manquer à une

mémoire vénérée en donnant sur ce livre quelques détails techniques et en
complétant la courte notice que j'avais improvisée il y a trente-cinq ans et
dont il avait accepté les conclusions. Un tel livre ne saurait être trop attentivement examiné, et j'espère qu'on me pardonnera la minutie des détails
dans lesquels je crois devoir entrer.

Le volume, inscrit sous le n° 9 dans le Catalogue des manuscrits du Musée
Condé, consiste en 200 feuillets de parchemin, hauts de 300 millimètres et
larges de 200, le cadre occupé par le texte mesurant 180 millimètres sur 115.
Les pages sont à longues lignes, sauf les dernières qui, à partir du folio 188,
sont partagées en deux colonnes. On compte 21 lignes à la page ou à la
colonne.

La copie du Psautier est en gros caractères, très réguliers, d'une hauteur
d'environ 4 millimètres, à traits massifs, dont l'extrémité inférieure se
termine brusquement par un délié très fin, sans s'appuyer sur la raie de la
réglure, quand la lettre ne doit pas se prolonger par le bas. L'extrémité
supérieure des lettres montantes est tranchée par un délié presque im-
perceptible. La fermeté et l'uniformité de ces caractères peuvent soutenir
la comparaison avec la fermeté et l'uniformité des bons produits typo-
graphiques [1].

Dans le corps du volume, beaucoup plus que dans le calendrier, les *i*
simples ou redoublés (*ii*) ont été très soigneusement accentués. Les *e* redoublés (*méé, Bartholoméé, Thadéé*) ont reçu des accents. — De même l'*a* re-
doublé *ááron*. — L'*a* employé pour figurer la préposition est aussi surmonté
d'un accent (*á quo, á me, á domino*). — L'E majuscule, de forme onciale, n'est
point fermé par une traverse.

On peut distinguer deux parties dans ce volume.

La première comprend un feuillet de garde ajouté au XIXe siècle et coté 1 ;
— un cahier de huit feuillets, cotés 2-9, lequel contient le calendrier ; —
quatre cahiers, trois de huit feuillets et un de six, remplis par une série de
tableaux représentant des scènes de l'Ancien et du Nouveau Testament et
par l'initiale du Psautier ; le dernier de ces quatre cahiers est incomplet du
premier et du cinquième de ses feuillets, c'est-à-dire de ceux qui devaient,
quand le volume était complet, se trouver avant les feuillets actuellement

[1] La planche III est la reproduction du folio 58 v°.

cotés 34 et 37. Le premier avait reçu une peinture sur le verso; le cinquième
était probablement resté en blanc.

La seconde partie commence au folio 38. Les feuillets dont elle est composée forment vingt cahiers, dont les signatures sont encore visibles au bas
de la dernière page de la plupart d'entre eux[1]. Chacun des 19 premiers
cahiers est formé de huit feuillets; le dernier n'en a que trois, les feuillets
qui le complétaient ont disparu, mais ils devaient être blancs, car le texte est
bien complet. Dans cette seconde partie se trouve le Psautier suivi des cantiques (fol. 173 v°), des litanies (fol. 188) et de diverses prières (fol. 191 v°),
parmi lesquelles le *Veni Creator*.

Reprenons chacun de ces morceaux.

CALENDRIER[2]. — Le calendrier, dont le texte sera reproduit à l'Appendice
sous une forme abrégée (article I), est essentiellement français. La mention
de l'Invention de saint Denis, marquée au 22 avril, semble même dénoter
une origine parisienne.

Il faut accorder une mention particulière à quatre notes dont l'insertion
dans le calendrier a été faite très peu de temps après l'exécution du volume :

Au 5 mai : « Obiit Sofia, regina Dacie. »
Au 12 mai : « Obiit Waldemarus, rex Danorum. »
Au 19 juin : « Obiit Alienor, comitissa Veremandie. »
Au 27 juillet : « Anno Domini M° CC° quarto decimo, veinqui Phelippe li rois de
France en bataille le roi Othon et le conte de Flandres et le conte de Boloigne et plu-
sors autres barons. »

Sur le côté droit de chaque page du calendrier, dans deux médaillons à
fond d'or, l'enlumineur a peint en haut une figure symbolique du mois[3]; en
bas, le signe correspondant du zodiaque. — En tête du mois se voient deux
lignes écrites l'une en rouge, l'autre en bleu : la première est un vers dans
lequel sont rappelés les quantièmes des jours égyptiaques (Prima dies mensis

---

[1] Fol. 45 v°, 53 v°, 61 v°, 69 v°, 77 v°, 85 v°, etc.

[2] Une page du calendrier est reproduite sur la planche I.

[3] Janus ouvrant et fermant une porte; homme assis devant un grand feu; vigneron taillant la vigne; jeune homme tenant un rameau et des fleurs; fauconnier à cheval; tondaille d'un mouton; faucheur; moissonneur coupant le blé à la faucille; vendangeur foulant le raisin dans la cuve; semeur; bûcheron chargé de deux fagots; homme abattant un porc.

et septima truncat ut ensis...); l'autre indique le nombre des jours du mois.

Dans la colonne réservée aux lettres dominicales, les A sont en or et les autres lettres alternativement rouges et bleues.

En haut des colonnes affectées à l'indication des quantièmes du mois, se voient de grands monogrammes (KL), tracés en or sur fonds d'azur et de rouge très pâle.

Aux jours des nones et des ides, les mots *Non.* et *Idus* sont en rouge; le premier de ces mots est toujours figuré par un O faisant corps avec deux N, dont l'un est privé de son second montant et l'autre de son premier. Aux autres jours, les notations N, ID' et KL sont alternativement en bleu et en rouge. La notation KL, en caractères allongés, est disposée de façon à servir pour deux jours consécutifs. On peut se rendre compte de cette disposition en jetant les yeux sur la première des planches jointes à cette Notice.

Les majuscules, par lesquelles commencent les indications des fêtes, sont alternativement en or et en azur. Ces indications sont écrites en rouge, en bleu ou en or, sans que le choix de la couleur semble avoir été déterminé par l'importance qu'on attachait à la célébration de la fête.

TABLEAUX. — Un seul côté des vingt-sept feuillets qui suivent le calendrier a reçu des peintures; l'autre côté est resté blanc, et les feuillets ont été assemblés de façon que deux pages peintes se faisant vis-à-vis (un verso et un recto) sont suivies de deux pages blanches.

La plupart des pages peintes nous offrent deux tableaux superposés, ce qui donne en somme une cinquantaine de tableaux, dont les sujets sont indiqués par de courtes légendes françaises, tracées en or sur le blanc du parchemin.

La teneur de ces légendes doit trouver sa place ici :

Fol. 10 v°. Si come Abraham vit trois angeles et un en aora.
        Si come il leur dona a maingier.
Fol. 11.   Si come Abraham enmaine sen fill pur sacrefier. (Sur le fond d'or l'enlumineur a tracé en lettres rouges la question de l'enfant, qui porte deux fagots sur ses épaules, et la réponse d'Abraham, qui tient de la main droite un glaive et de la main gauche un vase à feu : « Pater, ecce ignis et ligna; ubi est victima holocausti? — Fili, Deus providebit. »)
        Si come il le viout sacrefier.

---

[1] L'arbre qui se dresse au-dessus d'Abraham endormi supporte sur son tronc quatre personnages : Jessé (!), David, Notre-Dame et Notre-Seigneur.

Du côté gauche, Amos, Daniel et Malachie tiennent des banderoles sur lesquelles l'enlumineur, sans s'astreindre à une reproduction textuelle, a inscrit des légendes empruntées aux prophéties :

Qui edificavit in celo ascensionem suam, Dominus nomen ejus. (Amos, IX, 6.)

Vidi lapidem absisum de monte sine manibus, et crevit, et factus est quasi mons magnus. (Daniel, II, 34 et 35.)

Ecce venit, et quis stabit ad videndum eum ! (Malach. III, 1 et 2.)

Sur le côté droit, Joseph tenant une branche de lis; au-dessus de lui, Ezéchiel, reconnaissable au texte de sa banderole : *Vidi portam clausam, et ecce Deus per eam procedebat* (Ezech , XLIV, 1 et 2), et la Sibylle dont la banderole porte un vers de la pièce *Judicii signum,* si célèbre au moyen âge : *Omnia cessabunt, te[l]lus confracta peribit.*

Fol. 22 v°. Le resucitement der (*sic*) Lazre.
             La pasqe florie. (L'entrée à Jérusalem.)
Fol. 23.   La cène.
             Le lavement.
Fol. 24 v°. Si come Diex eure, et li angele le confortent.
             Si come li apostle dorment. — (Les deux tableaux du folio 24 v°
             sont reproduits sur la planche II.)
Fol. 25.   La traïsons de Judas.
             Si coume Diex fu amenez devant Pilate.
Fol. 26 v°. Si come Diex fu batuz.
             Si come Diex porta la croiz, et les filles de Jerusalem pluroient après.
Fol. 27.   Le crucefis. (Derrière la Vierge, l'Église tient un calice, et arbore une
             croix comme étendard. Derrière saint Jean, se voit, la tête baissée,
             la Synagogue, dont l'étendard est brisé et dont la couronne tombe
             à terre.)
             Le despendement.
Fol. 28 v°. L'ensevelissement.
             Le sepulcre.
Fol. 29.   Si come Diex trait les enmes d'enfer.
             Si come Diex s'aparut a la Mauzelaine.
Fol. 30 v°. Si come Dieus s'acopaigna as pelerins.
             Si come la Mauzelaine dist as apostles qe ele avoit veu Dieu.
Fol. 31.   Si come Dieus mostra saint Tomas ses plaies.
             L'acension.
Fol. 32 v°. La pentecoste. (Peinture occupant toute la page.)
Fol. 33.   Le juise. (Le jugement dernier: le Seigneur, assis sur un nuage, montre
             ses plaies; à sa droite, un ange, avec la lance de la Passion; à sa
             gauche, un second ange, tenant la croix et la couronne d'épines. Les
             réprouvés sont précipités dans l'enfer.)

(Place d'un feuillet dont l'enlèvement remonte à une date ancienne.)

Fol. 34.   Si come Diex l'asiet de lez lui et il la corone.
             Si come li apostle ensevelissent Nostre Danme [1].
Fol. 35 v°. Si come Teophilus fait ommaige au deable.
             Si come Teophilus se repent, et il prie merci, et madanme sainte Marie
             s'aparut a lui.

---

[1] Une reproduction un peu réduite des deux tableaux du folio 34 est insérée dans le volume
intitulé : *Chantilly. Le Cabinet des livres. Manuscrits*, t. I, pl. IX.

Fol. 36. Si come madanme sainte Marie tout le deable la chartre. (La bande-
          role qui représente la charte porte les mots : « Ego sum homo
          tuus. »)
          Si come madanme sainte Marie raporte la chartre.

Une remarque assez importante est à faire à propos de cette suite de
tableaux. Sur les cinquante sujets qui y sont représentés, il y en a vingt-neuf
qu'on retrouve à peu près dans le même ordre au commencement du Psautier
attribué à Blanche de Castille, qui sera décrit un peu plus loin [1] et qui offre
beaucoup d'analogie avec celui d'Ingeburge. L'illustration des deux manuscrits
dérive de la même source. Ce qui le prouve, c'est que, dans l'un et dans
l'autre, on rencontre sept pages sur chacune desquelles ont été juxtaposés
deux tableaux représentant les deux mêmes sujets, sans que le rapprochement
des deux scènes s'imposât :

	PSAUTIER D'INGEBURGE.	PSAUTIER DE BLANCHE.
L'Annonciation et la Visitation...	Fol. 15	Fol. 16
La fuite en Égypte et le massacre des Innocents...	Fol. 18 v°	Fol. 19 v°
Le baptême de Jésus et la tentation sur la montagne...	Fol. 19	Fol. 20
La résurrection de Lazare et l'entrée à Jérusalem...	Fol. 22 v°	Fol. 21 v°
Le lavement des pieds et la cène...	Fol. 23	Fol. 22
Le calvaire et la descente de croix...	Fol. 27	Fol. 24
L'ensevelissement de la Vierge et son couronnement...	Fol. 34	Fol. 29 v°

Il y a plus. Dans les deux manuscrits, sur la page consacrée à l'ensève-
lissement et au couronnement de Notre-Dame, l'ordre des deux sujets a été
interverti de la même façon : l'ensevelissement a été placé après le couronnement dans le ciel.

Le parallélisme qui existe entre l'illustration des deux manuscrits nous
fournit le moyen de déterminer sans la moindre hésitation le sujet du tableau
peint sur le feuillet qui a disparu du Psautier d'Ingeburge, entre les feuillets

[1] Chapitre III, page 27.

actuellement cotés 33 et 34. L'enlumineur y avait figuré le Roi de gloire sur son trône, tel que nous le voyons au folio 28 de l'autre manuscrit, tel aussi que nous l'offre, au folio 29, le Psautier de saint Louis conservé à la bibliothèque de l'Université de Leide[1].

Il est impossible de méconnaître les liens de parenté qui autorisent à englober dans une même famille les trois Psautiers du Musée Condé, de la bibliothèque de l'Arsenal et de l'Université de Leide.

On ne pourrait pas, sans avoir vu les peintures du Psautier d'Ingeburge, s'en imaginer la richesse et la beauté. M. le duc d'Aumale, qui se plaisait à les faire admirer comme un des plus précieux joyaux de son trésor, ne s'en exagérait pas la valeur quand il écrivait ces lignes dans son Catalogue : «Ces tableaux n'ont pas d'analogues et sont placés hors ligne par l'originalité, la pureté du style, l'éclat et la conservation des couleurs, le dessin des draperies, qui semble indiquer une certaine connaissance ou une divination de l'antique. Les couches d'or sont si épaisses et si parfaitement brunies que les figures semblent enchâssées dans de véritables plaques de métal.» Au dire d'un des plus érudits connaisseurs de la peinture des manuscrits du moyen âge, M. Arthur Haseloff, «le Psautier de la reine Ingeburge, qui date du commencement du XIIIe siècle, nous offre un des plus beaux spécimens de la peinture de cette époque; il est décoré dans un style sévère et anguleux, par lequel il se rapproche des manuscrits allemands et des manuscrits anglais.» M. Haseloff ajoute que ce manuscrit n'est probablement pas d'origine française. Mais c'est là une hypothèse sur laquelle je reviendrai un peu plus loin et qu'il ne me semble pas possible d'accepter.

PSAUMES. — L'illustration des psaumes doit donner lieu à quelques observations.

Les initiales des versets sont alternativement en or et en azur, avec de très menus filets en bleu pour les premières et en or pour les secondes.

Les bouts de lignes restés vides à la fin des versets ont été remplis par divers ornements, notamment par des enroulements et par d'autres combinaisons de traits de plume ou de pinceau, fort déliés, exécutés avec autant d'élégance que de légèreté, alternativement en or et en azur, parfois avec des

[1] Il sera décrit dans le chapitre II, page 19.

rehauts de vermillon. On a souvent utilisé les vides pour y figurer en or de petits animaux plus ou moins fantastiques (fol. 40, 54 v° et 75) et surtout des oiseaux, tels que paons, cigognes et hérons (fol. 41, 57 v°, 72 v°, 79, 90 v°, 104 v°, 148 v°, 150 v°, 152 v°, 174, 174 v° et 178). Sur les folios 149, 163, 164, 171 et 172 sont des ornements qui ressemblent assez à des fleurs de lis ou à des trèfles.

Le B initial du premier psaume (fol. 37 v°) occupe une page entière qui sert de frontispice.

Les extrémités du montant de cette lettre gigantesque sont ornées de deux petits médaillons dans lesquels David est représenté terrassant des bêtes féroces. La double panse de la même lettre a servi de cadre à deux tableaux : dans celui du haut, Samuel est averti par un ange d'avoir à sacrer David : « Inple cornu tuum oleo, providi enim michi regem in filiis Isai [1] »; l'autre tableau nous montre Samuel versant l'huile sainte sur la tête de David. Les noms de Samuel et de David y sont écrits en lettres d'azur sur le fond d'or. Au bas du cadre qui renferme l'initiale, on a peint en grandes lettres d'or le complément des deux premiers mots du psautier : EATVS VIR. La page suivante commence par : *qui non abiit in consilio...*

Les blancs ménagés par le copiste pour les initiales d'une dizaine de psaumes, notamment de ceux qui forment le début des matines des sept jours de la semaine, ont été mis à profit par l'enlumineur, qui s'en est servi pour faire de ces initiales de petits tableaux de dimensions variées [2], dont il a puisé l'idée dans la vie de David. Çà et là, le sujet est expliqué par quelques mots tracés sur une banderole :

Fol. 58 v°. Ps. XXVI : « Dominus illuminatio mea et salus mea. » Saül ordonne de lui amener un bon musicien. *Provide michi aliquem bene psallentem et ad[d]uc eum ad me.* (1 Reg., XVI, 17.) — Page reproduite sur la planche III.

Fol. 72. Ps. XXXVIII : « Dixi custodiam vias meas. » Saül, couché à terre, est réconforté au son de la harpe de David. (1 Reg., XVI, 23.)

Fol. 84. Ps. LI : « Quid gloriaris in malitia... » Défi de Goliath à David : *Numquid ego canis sum quod tu venis ad me cum baculo.* (1 Reg., XVII, 43.)

[1] 1 Reg., XVI, 1. — [2] Dimensions relevées en millimètres sur plusieurs de ces tableaux : 70 sur 70; 65 sur 57; 35 sur 33.

Fol. 84 v°. Ps. LII : «Dixit insipiens in corde suo : Non est Deus.» David lançant une pierre sur Goliath. (1 Reg., XVII, 49.)

Fol. 97. Ps. LXVIII : «Salvum me fac, Deus, quoniam intraverunt aque...» Deux scènes sont figurées dans les deux parties de la lettre S : David tranchant la tête de Goliath; — David présentant au roi la tête du géant. (1 Reg., XVII, 51 et 54.)

Fol. 112 v°. Ps. LXXX : «Exultate Deo adjutori nostro...» David reçu par un groupe de femmes qui poussent des cris : *Saul percussit mille et David decem mi[l]lia.* (1 Reg., XVIII, 7.)

Fol. 127. Ps. XCVII : «Cantate Domino canticum novum quia mirabilia fecit...» David jouant de la harpe devant le roi assis sur son trône. (1 Reg., XVIII, 10.)

Fol. 129. Ps. CI : «Domine, exaudi orationem meam, et clamor meus ad te veniat.» Mort de Saül. (1 Reg., XXXI, 4.)

Fol. 142 v°. Ps. CIX : Dixit Dominus Domino meo : Sede a dextris meis.» Un roi sur son trône, auquel on présente une couronne.

Fol. 145 v°. Ps. CXIV : Initiale du psaume : «Dilexi quoniam exaudiet...» Prière de David au Seigneur : *O Domine, libera animam meam...* (Ps. CXIX, 2.) Miniature de très petite dimension.

Fol. 173. Is. XII : Initiale du cantique : « Confitebor tibi Domine quoniam iratus es michi...» Autre prière de David au Seigneur : *Confitebor tibi, Domine* (Ps. CXXXVII, 1). Miniature de très petite dimension.

LITANIES. — Il m'a semblé nécessaire de reproduire les invocations des litanies (fol. 188), en laissant de côté la série des apôtres. On en peut tirer un argument pour déterminer l'origine du manuscrit :

Martyres : Stephane, Line, Clete, Clemens, Eadmunde, Syxte, Corneli, Cipriane, Laurenti, Vincenti, Georgi, Sebastiane, Fabiane, Dionisi, Eustachi, Maurici, Gervasi, Prothasi, Crispine, Crispiniane, Leodegari, Blasi, Quintine, Arnulfe, Thoma.

Confessores : Silvester, Gregori, Nicholae, Augustine, Benedicte, Martine, Martialis, Juliane, Ambrosi, Jeronime, Remigi, Germane, Hylari, Egidi, Audoene, Leonori, Medarde, Maure, Antoni.

Mulieres : Maria Magdalene, Maria Egiptiaca, Felicitas, Perpetua, Agatha, Agnes, Cecilia, Lucia, Katerina, Scolastica, Radegundis, Gertrudis, Fides, Tecla, Genovefa, Margareta, Anastasia, Columba, Christina, Eugenia, Helena, Praxedis, Juliana, Brigida.

Nous sommes habitués à trouver tous ces noms dans les livres liturgiques de l'Île-de-France. La seule particularité qui peut sembler étrange, c'est la place assignée à saint Edmond[1], dans les premiers rangs de la série des martyrs, immédiatement après saint Étienne, saint Lin, saint Clet, saint Clément et avant saint Sixte, saint Corneille, saint Cyprien, saint Laurent et autres martyrs des premiers siècles de l'Église. Il doit y avoir eu là une interversion accidentelle.

On trouvera à l'Appendice (article II) les premiers mots de trente et une oraisons qui ont été copiées à la suite des litanies (fol. 191 v°-200 v°).

Ces oraisons présentent une notable particularité. Les leçons qu'elles renfermaient à l'origine prouvent que le Psautier avait été fait pour une femme. Le texte primitif portait : «michi *misere* (fol. 194, col. 1), — *digna* inveniar (fol. 194 v°, col. 1), — michi *peccatrici* (fol. 194 v°, col. 2), — michi *misere peccatrici* (fol. 195 v°, col. 1), exaudi me *peccatricem* pro servis et ancillis tuis... (fol. 199 v°, col. 2), — pro quibus ad te orare debeo et *pollicita* sum... (fol. 200, col. 2), — pro omnibus pro quibus *debitrix* sum orare... (fol. 200 v°, col. 1). C'est après coup qu'aux leçons *misere, digna, peccatrici, peccatricem, pollicita* et *debitrix* on a substitué les leçons *misero, dignus, peccatori, peccatorem, pollicitus, debitor.*

De cette minutieuse analyse, il faut maintenant dégager les données à l'aide desquelles l'origine du manuscrit pourra être démontrée.

Le luxe avec lequel ce Psautier a été exécuté, et qui en fait l'un des plus précieux monuments de l'art français du commencement du XIIIe siècle, prouve que le livre a été écrit pour un personnage du plus haut rang, dont il s'agit maintenant de rechercher le nom.

Les expressions employées dans les prières qui sont à la fin du Psautier nous ont fait voir qu'il était destiné à une femme, puisque, sous des corrections relativement modernes, on distingue sans peine les mots *misere, digna, peccatrici, peccatricem, pollicita, debitrix,* qui ont été changés en *misero, dignus, peccatori, peccatorem, pollicitus, debitor.*

Ainsi le Psautier a été copié pour une femme qui occupait une haute position dans la société française au commencement du XIIIe siècle. Ce point

---

[1] Il est bon de faire observer que l'insertion du nom de saint Edmond dans les calendriers et dans les litanies n'est nullement l'indice d'une origine anglaise. Saint Edmond figure dans tous les anciens livres liturgiques de l'église de Paris. Voir le relevé donné par les Bollandistes dans leur *Catalogus codicum hagiograph. in Biblioth. nat. Parisiensi,* t. III, p. 721.

établi, si nous jetons un coup d'œil sur le calendrier placé en tête du volume, nous y remarquerons trois notes tracées à une date tout à fait voisine de l'exécution du manuscrit. Elles sont ainsi conçues :

III nonas maii. Obiit Sofia, regina Dacie.
IIII idus maii. Obiit Waldemarus, rex Danorum.
XIII kalendas julii. Obiit Alienor, comitissa Veremandie.

Ce sont les seules notes nécrologiques que renferme le calendrier. Il est facile de les expliquer toutes les trois : la dernière s'applique à Éléonore, comtesse de Vermandois, dont la mort doit être fixée au 20 juillet 1213[1]; la deuxième note ne peut convenir qu'à Waldemar le Grand, roi de Danemark, mort le 12 mai 1182; la première se rapporte à la reine Sophie, femme de Waldemar le Grand.

Or quelle est en France, au commencement du XIIIe siècle, quand on avait si peu de relations avec le Danemark, la grande dame qui pouvait faire marquer dans son livre de prières le jour anniversaire de la mort de Waldemar le Grand et celui de la mort de Sophie? Ainsi posé, le problème ne peut recevoir qu'une solution. C'est évidemment la malheureuse épouse de Philippe Auguste, Ingeburge de Danemark, qui a fait inscrire dans son Psautier les noms de son père et de sa mère. A ces noms dictés par la piété filiale, elle avait voulu en associer un troisième, celui d'Éléonore de Vermandois, l'une des plus puissantes vassales de Philippe Auguste, dont l'amitié n'avait sans doute jamais abandonné la reine au milieu des épreuves qu'elle eut à traverser.

On sait que ces épreuves commencées en 1193, le lendemain de la célébration du mariage, se prolongèrent jusqu'en 1213 ou 1214, et qu'à partir de cette dernière date Philippe Auguste traita Ingeburge avec les égards dus à l'épouse et à la reine. Un souvenir de la réconciliation a été consigné dans le calendrier. Nous y lisons, au 27 juillet, une quatrième note historique dont voici le texte :

Sexto kalendas augusti, anno Domini M° CC° quarto decimo, veinqui Phelippe, li rois de France, en bataille, le roi Othon et le conte de Flandres et le conte de Boloigne et plusors autres barons.

<hr>

[1] Cette date résulte des judicieuses déductions de M. Borrelli de Serres, dans *La Réunion des provinces septentrionales à la couronne*, p. LXXIX.

Il est donc démontré jusqu'à l'évidence que le Psautier a appartenu à la reine Ingeburge, et que cette princesse y a fait inscrire les noms de ses parents, celui d'une amie, et la mention du plus glorieux événement du règne de son mari.

Il est assez vraisemblable qu'un livre destiné à la reine de France, à la femme de Philippe Auguste, a été exécuté en France. On a cependant proposé de lui attribuer une origine anglaise. Je ne nie pas qu'on puisse trouver quelques caractères du style anglais dans l'écriture et la décoration du Psautier d'Ingeburge, et je sais qu'au XIIe siècle il existait, dans certains monastères anglais, des ateliers de copistes dont les produits s'exportaient en France[1]. Mais les traces de style anglais que présentent certains psautiers français du commencement du XIIIe siècle s'expliquent aisément par l'existence à Paris de calligraphes et d'enlumineurs qui avaient pu se former dans les ateliers anglais, ou qui, sans même être jamais allés en Angleterre, suivaient les modes anglaises.

Ce qui a pu conduire M. Haseloff[2] à considérer le Psautier d'Ingeburge comme un livre anglais, c'est qu'il avait cru voir dans le calendrier la mention de beaucoup de saints anglais. Mais, sur ce point, il a été mal servi par ses souvenirs. Les saints anglais sont absents du calendrier d'Ingeburge. On pourra s'en assurer en parcourant la nomenclature qui en est donnée au complet dans l'Appendice de ce fascicule, et en la comparant avec la nomenclature du calendrier d'un autre Psautier d'origine anglaise qui a servi aux princes et princesses de la Maison de France pendant tout le cours du XIIIe et du XIVe siècle. Je n'hésite donc pas à qualifier d'œuvre française le volume dans lequel la reine Ingeburge a fait consigner ses souvenirs de famille.

Ingeburge mourut en 1236. Tout porte à croire que son Psautier resta dans la maison royale, et qu'il devint la propriété de saint Louis, petit-fils de Philippe Auguste. Telle est du moins une tradition dont il faut tenir grand compte, puisqu'elle est attestée par une note du XIVe siècle qu'on lit au revers

---

[1] Un religieux du prieuré de Sainte-Barbe-en-Auge, qui a composé au XIIe siècle une chronique de sa maison, nous apprend que, de son temps, le prieuré de Sainte-Barbe avait en Angleterre une succursale où se copiaient des livres destinés aux églises normandes : « Quia autem apud Bequefort victualium copia erat, scriptores etiam ibi habebantur, quorum opera ad nos in Normanniam mittebantur. » J'ai eu l'occasion de citer ce texte dans l'*Histoire littéraire de la France*, t. XXXI, p. 281, d'après le ms. 1642 de la bibliothèque Sainte-Geneviève.

[2] *Mémoires de la Société des antiquaires de France*, t. LIX, p. 26.

du dernier feuillet du calendrier : *Ce psaultier fu saint Loys.* Cette tradition est d'autant plus respectable que, à la fin du XIVe siècle, le Psautier faisait partie du mobilier de la couronne, et qu'on le conservait au château de Vincennes comme une relique de saint Louis, à côté d'un autre Psautier que des preuves matérielles démontrent avoir été fait vers l'année 1260 pour saint Louis, celui qui appartient à la Bibliothèque nationale et qui sera décrit un peu plus loin, dans le chapitre IV. On lit, en effet, dans l'inventaire du mobilier de Charles V rédigé en 1380[1] :

Item un gros psaultier, nommé le Psaultier saint Loys, très richement enlumyné d'or et ystorié d'anciens ymages, et se commance le second fueillet *cum exarcerit.* Et est le dit psautier fermant à deux fermouers d'or, neellez a fleurs de liz, pendans a deux laz de soye et a deux gros boutons de perles, et une petite pippe d'or.

Item ung autre psaultier mendre, qui fut aussi monseigneur saint Loys, très bien escript et noblement enluminé, et a grant quantité d'ystoires au commancemen du dit livre, et se commance ou second fueillet *vas figuli.* Ouquel a deux petiz fermouers d'or plaz, l'un esmaillé de France, et l'autre d'Evreux, a une pippe ou il a ung très gros ballay et quatre très grosses perles.

Si le second article désigne, comme c'est certain, le Psautier ms. latin 10525 de la Bibliothèque nationale, le premier s'applique avec non moins d'évidence au Psautier d'Ingeburge, dont le second feuillet commence par *cum exarserit;* c'est un assez gros volume d'un format plus grand que le Psautier de la Bibliothèque nationale, et dont la riche décoration est parfaitement caractérisée par les expressions : *très richement enlumyné d'or et ystorié d'anciens ymages.*

Le Psautier d'Ingeburge était encore au château de Vincennes en 1418 ; car l'inventaire des joyaux dressé à cette date mentionne, de même que l'inventaire de 1380 :

Un grant saultier nommé le Saultier saint Loys, très richement enluminé d'or et ystorié d'anciennes ymages. Et se commance le second feuillet *cum exarcerit.* Et est le fermant a deux fermouers de neelles a fleurs de liz, pendant a deux laz de soye et a deux gros boutons de perles, et une petite pippe d'or[2].

[1] Articles 3303 et 3304, page 340 de l'édition de Jules Labarte, dans la *Collection de documents inédits.* — [2] DOUËT D'ARCQ, *Choix de pièces relatives au règne de Charles VI,* t. II, p. 324, n° 299.

Ce Psautier disparut dans les troubles qui désolèrent les dernières années du règne de Charles VI. Il est noté comme manquant lors du récolement de l'inventaire des joyaux de la couronne auquel on procéda en 1420[1].

A partir de 1420, nous perdons la trace du Psautier d'Ingeburge pendant plus de deux cents ans; nous la retrouvons en Angleterre, dans la première moitié du XVIIe siècle. A cette époque, un faussaire ajouta au manuscrit des notes, auxquelles il essaya de donner l'aspect des écritures du XIVe et du XVe siècle, et dans lesquelles la série des possesseurs du livre est établie de la manière suivante[2].

Le roi saint Louis le donna à Guillaume de Mesme, son premier chapelain; Guillaume le laissa en mourant à son neveu, Renaud de Mesme; celui-ci le légua au couvent des Cordeliers de Paris. Le 14 juillet 1381, Thomas de Cussy, lecteur du couvent des Cordeliers, vendit le Psautier, moyennant une somme de 144 francs, à un clerc de la reine Blanche. En 1426, Jean de Toulongeon acheta le livre pour 100 francs d'or, et le donna en étrennes à sa mère, Jeanne de Chalon, le 1er janvier 1427; Jeanne de Chalon en fit cadeau à Guillaume Borrellier, qui l'offrit, le 12 mai 1441, à Nicolas Rolin. Guigoine de Salins, veuve dudit Nicolas, en fit hommage à Charles le Téméraire, le 2 décembre 1468. Marie de Bourgogne l'abandonna, le 10 août 1477, à Charles Soillot, son secrétaire.

Pour compléter ces notes, on ajoutait que Philippe II avait porté le Psautier en Angleterre, et l'avait mis dans la corbeille de sa fiancée, la reine Marie. Le livre avait été déposé ensuite dans la Bibliothèque royale de Saint-James.

Il n'est pas besoin d'entrer dans de longs détails pour montrer que tout cela n'est qu'un roman. Puisqu'il est établi, comme nous l'avons vu, que le Psautier d'Ingeburge fut conservé au château de Vincennes depuis 1380 jusqu'en 1418, il est impossible que ce même Psautier ait été vendu le 14 juillet 1381 par le lecteur des Cordeliers de Paris. Je ne relèverai donc pas tous les indices de faux qu'un examen approfondi fait reconnaître dans l'écriture et dans le style des notes. J'espère que tout lecteur impartial les tiendra désormais pour non avenues.

---

[1] Le déficit fut constaté par le mot *fault* ajouté à la fin de l'article d'inventaire rapporté ci-dessus. — [2] Le texte de ces notes sera publié dans l'Appendice sous le n° III.

Mais les parties intéressées ne devaient pas être très difficiles à persuader. La famille de Mesmes accueillit avec un véritable enthousiasme des notes qui l'autorisaient à faire remonter sa généalogie à l'âge des croisades. Elle en dut la première communication au marquis de Fontenay-Mareuil, qui avait vu le fameux Psautier pendant son ambassade en Angleterre. Elle les fit aussitôt servir à la composition d'une généalogie que François Blanchard[1] publia en 1647.

Deux ans après, Pierre de Bellièvre, au retour de son ambassade en Angleterre, offrit au président Henri de Mesmes le précieux manuscrit qu'il avait réussi, disait-il, à arracher à des mains profanes. (Appendice, article IV.)

Dès lors la famille de Mesmes se complut à montrer au grand jour son Psautier de saint Louis; elle le fit voir au Père Labbe, qui, en 1651, en donna une description détaillée dans l'*Abrégé royal de l'alliance chronologique de l'histoire sacrée et profane*[2]. Plus tard, en 1670, le Psautier servit encore de base à une seconde généalogie[3] dont les faussetés n'échappèrent ni à d'Hozier[4] ni à Saint-Simon.

Le président Jean-Antoine de Mesmes, par un testament en date du 23 février 1673[5], avait substitué perpétuellement à l'aîné de sa maison « le Psautier du roy saint Louis, par lui donné à M^re... de Mesme, son premier chapelain ». En 1812, Albert-Paul de Mesmes, comte d'Avaux, le légua au comte de Puységur. Un mariage le fit passer entre les mains du comte de Lignac; et enfin il entra, par voie d'achat, en 1892, dans le Cabinet des livres de Chantilly.

M. Ch. de Sourdeval, membre de la Société archéologique de Touraine,

---

[1] *Les Présidents au mortier du Parlement de Paris*, p. 389.

[2] P. 627-630. Lenain de Tillemont (*Vie de saint Louis*, t. V, p. 225) parle d'après le P. Labbe du Psautier de la famille de Mesmes. — L'histoire légendaire de ce manuscrit a été racontée tout au long, en 1662, par le P. Jean-Marie de Vernon, dans *Le Roy très chrestien ou la Vie de S. Louis*. (Paris, 1662, in-4°, p. 741-745.)

[3] *Généalogie de la maison de Mesmes, comtes d'Avaux en Champagne, originaire de Béarn, produite devant vous Monseigneur de Caumartin, in-*tendant en Champagne, au mois de janvier 1670. In-fol. de 3 p. Cette généalogie, dressée par Le Laboureur, n'a pas été comprise dans le Nobiliaire de Champagne de Caumartin, auquel elle avait été primitivement destinée.

[4] Note manuscrite sur l'exemplaire de la Généalogie qui est à la Bibliothèque nationale, dans le nouveau fonds d'Hozier, dossier *Mesmes*, ms. français 31461.

[5] Voir à l'Appendice, article V, un extrait de ce testament, dont j'ai acquis la minute originale chez le libraire Voisin. Je me suis empressé de la déposer au Musée Condé.

a eu le mérite, il y a quarante ans, d'appeler l'attention sur ce précieux manuscrit, dont il communiqua la description au Congrès de la Sorbonne, en avril 1863. Son travail, imprimé la même année[1], a été refondu et a paru sous une nouvelle forme en 1880[2].

[1] *Un Psautier de saint Louis*, dans *Mémoires lus à la Sorbonne en avril 1863, Archéologie*, p. 181-183. — [2] *Un Psautier de saint Louis et de la reine Ingeburge*, dans *Bulletin de la Société archéologique de Touraine*, t. V, p. 65-77.

II

PSAUTIER DE SAINT LOUIS D'ORIGINE ANGLAISE.

(Bibliothèque de l'Université de Leide, Supplément, n° 318.)

A côté du Psautier d'Ingeburge doit se placer un Psautier de la bibliothèque de l'Université de Leide, le n° 318 de la série supplémentaire des manuscrits cataloguée par Jacques Geel. Ce volume, composé de 185 feuillets, hauts de 243 millimètres et larges de 176, consiste en 23 cahiers, savoir : un de 6 feuillets pour le calendrier; trois de 8, de 12 et de 4 feuillets pour les peintures; dix-neuf pour le texte du psautier : ces 19 cahiers, qui portent des signatures marquées au crayon sur la première page, ont tous huit feuillets, sauf les cahiers XVI et XVII, qui en ont chacun dix, et le cahier XIX, qui n'en a que six. Le dernier feuillet, coté 185, a été ajouté après coup et n'a point de contre-partie.

Ce manuscrit, copié vers la fin du XIIe siècle, en gros caractères très régulièrement formés, renferme un calendrier, une suite de tableaux représentant des scènes de l'Ancien et du Nouveau Testament, le Psautier et les annexes habituels. Les oraisons qui occupent les deux derniers feuillets sont une addition du XIVe siècle.

Examinons chacune de ces parties.

CALENDRIER. — Toutes les pages du calendrier[1] offrent la disposition suivante :

Une première ligne, en encre rouge, pour un vers indiquant les jours égyptiaques : « Prima dies mensis et septima truncat ut ensis... »

Une deuxième ligne, en encre verte, rappelant le nombre des jours du mois et le nombre des jours de la lune.

Les quantièmes du mois sont marqués en chiffres verts; les nones, les ides et les calendes, en grandes lettres rouges : N., ID., KL. En regard du

---

[1] La page du mois de novembre est reproduite sur la planche V.

jour des nones, le mot *Non.* est figuré par un monogramme dans lequel la lettre O est à cheval sur la traverse de la lettre N. En regard du jour des ides, le scribe a mis en toutes lettres le mot IDVS. En regard des derniers jours du mois, il a tracé la note *KL* en caractères allongés, de façon que chacune des notes *KL* occupe la hauteur de deux lignes, pour correspondre à deux jours consécutifs, ce qui tient lieu d'une accolade. C'est la même disposition que celle du calendrier d'Ingeburge.

Dans le grand monogramme KL, qui est en tête de chacun des mois, une petite miniature représente une scène caractéristique des occupations du mois :

Janvier, un repas; *février,* le coin du feu; *mars,* le labour à la bêche; *avril,* la promenade d'une dame tenant une fleur à la main; *mai,* la promenade d'un jeune cavalier; *juin,* le travail d'un paysan poussant devant lui un outil ou un petit véhicule; *juillet,* le travail du faucheur; *août,* le travail du moissonneur sciant le blé; *septembre,* la rentrée des gerbes; *octobre,* l'ensemencement; *novembre,* la récolte des pommes; *décembre,* la mise à mort du porc.

La partie supérieure de ces petits tableaux a été atteinte par le couteau du relieur, ce qui empêche parfois de déterminer avec certitude quelle scène est représentée.

Au milieu du côté droit de chaque page du calendrier, médaillon dans lequel est peint le signe du zodiaque correspondant au mois.

Le calendrier est rempli de noms de saints essentiellement anglais. On peut s'en assurer en parcourant la nomenclature qui est imprimée à l'Appendice (article VI).

TABLEAUX. — Après le calendrier viennent 23 feuillets, cotés 7-29, qui portent, les uns au recto, les autres au verso, des peintures à fond d'or, d'une exécution assez grossière. Ces 23 feuillets, dont un des côtés est resté blanc, sont disposés de façon qu'à la première page, peinte sur un recto, succèdent deux pages blanches, puis deux pages peintes, deux pages blanches, deux pages peintes, et ainsi de suite. Le parchemin est de qualité très ordinaire; plusieurs des feuilles sur lesquelles le peintre a travaillé, destinées primitivement à recevoir de l'écriture, avaient été réglées à la pointe sèche. Le champ occupé sur chaque page par les peintures mesure 160 millimètres de hauteur sur 110 de largeur. Aucune légende n'explique les sujets traités par l'artiste. Il y en a une cinquantaine, qui se rapportent tous à l'Ancien et au Nouveau Testament. En voici la liste :

Fol. 29. Dans une gloire posée sur un losange, Notre-Seigneur, tenant un livre de la main gauche et bénissant de la droite, est assis sur un trône; le losange est inscrit dans un cadre, qui renferme, en outre, quatre médaillons représentant les évangélistes. Sur les angles du cadre, quatre autres médaillons dont le champ est occupé par les symboles des évangélistes.

PSAUMES. — Le texte du Psautier commence au folio 30 v°, par un magnifique frontispice : sur un fond d'azur, une très grande initiale (B), à côté de laquelle les lettres EATVS VIR se détachent en blanc. L'intérieur du B, à fond d'or, est rempli d'entrelacs très riches et très élégants. Au milieu du montant de ce B, un petit médaillon représente David assis, avec sa harpe. Cette belle peinture est entourée d'un large cadre formé d'enroulements dans lesquels se jouent des figures fantastiques. Aux quatre angles, des médaillons renferment des figures de musiciens. — (Fac-similé de cette page sur la planche IV.)

En tête de chaque psaume, est une initiale peinte, dont l'intérieur à fond d'or est décoré de feuillages, de rinceaux, d'animaux plus ou moins fantastiques, de bustes de saints ou de personnages divers, parfois grotesques.

De grandes initiales, mesurant environ 65 millimètres sur 70, formées d'enroulements rouges, bleus et verts avec entrelacs sur fonds d'or, se voient au commencement des psaumes XXVI (fol. 52), XXXVIII (fol. 65 v°), LI (fol. 77), LII (fol. 78), LXVIII (fol. 90 v°), LXXX (fol. 106), XCVII (fol. 120 v°), CI (fol. 122 v°) et CIX (fol. 136), c'est-à-dire en tête des psaumes qui, dans le Psautier d'Ingeburge, sont ornés d'un tableau [1].

Les psaumes sont suivis des Cantiques, du Symbole de saint Athanase et des Litanies :

Fol. 167. Confitebor tibi, Domine... — Fol. 167 v°. Ego dixi in dimidio dierum meorum... — Fol. 168. Exultavit cor meum in Domino... — Fol. 169. Cantemus Domino, gloriose enim... — Fol. 170. Domine, audivi auditum... — Fol. 171 v°. Audite, celi, que loquar... — Fol. 174 v°. Te Deum laudamus... — Fol. 175 v°. Benedicite omnia opera... — Fol. 176 v°. Benedictus Dominus Deus Israel... — Fol. 177. Magnificat anima mea Dominum... — Fol. 177 v°. Nunc dimittis... — Fol. 177 v°. Quicumque vult... — Fol. 179 v°. Litanies.

---

[1] La page qui contient l'initiale du psaume LII est reproduite sur la planche VII.

Litanies. — Il est à remarquer que beaucoup de saints anglais sont invoqués dans les litanies. Je donne ici la nomenclature complète des invocations, à l'exception toutefois des noms des apôtres :

Martyres. — Stephane, Line, Clete, Clemens, Sixte, Corneli, Cypriane, Laurenti, Vincenti, Fabiane, Sebastiane, Florentine, Johannes, Paule, Christofore, Georgi, Gervasi, Prothasi, Dionisii, Mauritii, Eustachi, Ypolite, Oswalde, Albane, Ædmunde, Æduarde, Thoma, Ælfege.

Confessores. — Silvester, Hylari, Martine, Nicholae, Gregori, Ambrosi, Æthelwolde, Augustine, Jeronime, Germane, Remigi, Egidi, Leonarde, Rumalde, Vedaste, Audoene, Cuthberte, Wilfride, Swithune, Dunstane, Johannes, Botulphe, Aidane, Juliane.

Mulieres. — Maria Magdalena, Maria Egyptiaca, Felicitas, Perpetua, Petronilla, Agatha, Agnes, Cecilia, Lucia, Katerina, Margareta, Anastasia, Christina, Juliana, Sabina, Ætheldrida, Æthelburga, Sexburga, Wereburga, Radegunda, Fides, Spes, Karitas.

Oraisons. — Les oraisons faisant suite aux litanies (fol. 182 v°-184) sont au nombre de sept; elles commencent ainsi :

Deus, cui proprium est misereri... — Deus, qui corda fidelium.... — Omnipotens sempiterne Deus, qui facis mirabilia... — Pretende, Domine, misericordia... — Ure igne Sancti Spiritus... — Actiones nostras, quesumus.... — Adesto, Domine, supplicationibus nostris... — Deus, a quo sancta desideria... — Animabus, quesumus, Domine, famulorum... — Deus, qui es sanctorum tuorum...

Sur les folios 184 et 185 on a ajouté après coup, au xiiie siècle, les antiennes, suffrages et oraisons qu'on devait réciter après les psaumes affectés à chaque jour de la semaine, le dimanche excepté.

Feria secunda post xxv psalmos dicitur hec Antiphona : « Intret oratio nostra in conspectu... Oremus : Actiones nostras, quesumus... »
Feria tertia post xxv psalmos. Antiphona : « Intret oratio. » Pater noster et suffragia sicut prius. Oratio : « Omnipotens sempiterne Deus, qui facis mirabilia... »
Feria quarta alia Oratio : « Deus, qui conspicis omni nos virtute... »
Feria quinta Oratio : « Deus, qui nos in tantis periculis... »
Feria sexta Oratio : « Deus virtutum, cujus est totum... »
Feria in sabbato Oratio : « Deus, qui errantibus... »

Après avoir fait connaître le contenu et la décoration du Psautier, il faut en déterminer l'origine et en raconter les vicissitudes :

Le nombre des saints anglais inscrits dans le calendrier et dans les litanies prouve surabondamment que le livre vient d'Angleterre.

Une note insérée dans le calendrier, en regard du 7 juillet, peut faire supposer qu'il a été fait, soit pour Geoffroi Plantagenet, archevêque d'York de 1191 à 1212, soit pour un ami de ce prélat. Elle est ainsi conçue : «Obitus Henrici, regis Angl[orum], patris domini G., Eboracensis archiepiscopi.»

Le Psautier est donc incontestablement d'origine anglaise. Je suppose que, peu de temps après la mort de Geoffroi Plantagenet, il tomba entre les mains de Louis, fils de Philippe Auguste, quand ce prince se rendit en Angleterre à l'appel des barons révoltés contre Jean sans Terre. Le prince Louis l'aurait offert à sa femme Blanche de Castille. J'explique ainsi la mention de la mort d'Alphonse, roi de Castille, père de Blanche, qui a été ajoutée dans le calendrier en regard du 6 octobre : «Obiit Aldefonsus, rex Castelle et Toleti.» Il n'y a dans le volume aucune autre note du même genre.

L'éclat des peintures, la grosseur des caractères et la netteté de l'écriture semblaient le recommander pour en faire le premier livre de lecture d'un jeune prince. Aussi Blanche de Castille l'employa-t-elle pour faire apprendre à lire à Louis, son fils aîné. Le souvenir de cette intéressante particularité est rappelé par une double inscription qui a été tracée vers le commencement du xive siècle et qui se lit d'abord sur le folio 30 v°, puis sur le folio 185 : Cist Psaultiers, fuit monseigneur [1] saint Looys, qui fu roys de France, ouquel il aprist en s'enfance.

Autant il est légitime d'accepter la tradition attestée par cette note, autant il serait dangereux de voir, comme on l'a prétendu [2], des notes autographes de saint Louis dans les extraits du psautier qui ont été ajoutés sur les marges d'un assez grand nombre de feuillets. Il est facile de trouver dans ces extraits des allusions aux sentiments que saint Louis a dû éprouver, soit en partant

[1] L'inscription du folio 185 porte *fu monseignor*. Celle du folio 30 v° est reproduite sur la planche IV.

[2] Kervyn de Lettenhove, *Le Psautier de saint Louis de la bibliothèque de l'Université de Leyde*. Bruxelles, s. d., in-8° de 11 p. (Extr. des *Bulletins de l'Académie royale de Belgique*, 2e série, t. XX, n° 7.)

pour la croisade, soit pendant sa captivité, soit après sa délivrance. Mais, pour que les rapprochements eussent quelque valeur, il faudrait que les annotations fussent bien du temps de saint Louis. Or elles sont au moins postérieures de deux cents ans.

Nous ne demanderons donc pas au Psautier de Leide un exemple de l'écriture de saint Louis; mais nous continuerons de le vénérer comme le livre dans lequel le saint roi puisa les éléments de son instruction. C'est à ce titre qu'il fut longtemps conservé dans la maison royale.

Par quelles mains le Psautier est-il passé après la mort de saint Louis, c'est ce que nous apprend un codicille de la reine Blanche de Navarre, veuve de Philippe de Valois, en date du 20 mars 1396, dans lequel nous lisons une clause ainsi conçue :

Item nous laissons a nostre très chier fils le duc de Bourgongne le Psaltier ou monseigneur saint Loys aprint; et fu a madame la grant duchesse Agnès, duchesse de Bourgongne, sa fille; et depuis la duchesse Agnès vint a nostre dicte dame la royne Jehanne de Bourgongne, sa fille; et en après a nostre dit seigneur et espoux, qui le nous donna, et nous tesmongna (et aussi firent les femmes de la dicte madame la royne [1] qui l[e] nous bailla) que c'estoit icellui vraiement. Si desirons qu'il soit a la ligne. Et pour ce prions a nostre dit filz que il le vueille garder et faire tenir à ses successeurs et en sa ligne, pour l'amour de ceulx dont il est venu.

Ainsi, le Psautier dans lequel saint Louis avait appris à lire passa dans les mains de sa fille Agnès, femme de Robert, duc de Bourgogne. Il échut ensuite à Jeanne de Bourgogne, fille de Robert et d'Agnès. Jeanne de Bourgogne l'apporta à la cour de France en 1313, quand elle épousa Philippe de Valois. A la mort de Jeanne (1348), il resta entre les mains de son mari, qui ne tarda pas (1349 ou 1350) à en faire cadeau à sa seconde femme, Blanche de Navarre. Celle-ci le légua à son petit-fils Philippe le Hardi, duc de Bourgogne, dans les termes qui viennent d'être rapportés; Philippe le Hardi le recueillit en 1398, après la mort de sa grand'mère. C'est de cette façon que le Psautier est entré dans les États des ducs de Bourgogne, d'où il ne devait plus sortir.

---

[1] Jeanne de Bourgogne, première femme de Philippe de Valois. — Je suis porté à croire que le texte original devait porter : « les femmes de la dicte madame, qui le nous baillèrent ».

Il a été décrit avec beaucoup de précision, à la date du 12 juillet 1420, dans un état des joyaux et autres ornements conservés à Dijon :

Ung ancien Psaultier, de grosse lettre, et y est escript que « c'est le Psaultier monseigneur saint Loys, ouquel il aprint en son enfance », garni de deux fermaulx d'argent doré, armoyez aux armes de France, et une pipe d'argent doré [1].

De Dijon le Psautier fut porté à Bruges, où l'existence nous en est révélée, vers l'an 1467, par un article d'inventaire ainsi conçu :

Ung aultre livre en parchemin, qui est Psaultier, couvert de baudequin a fleurs de lis, et est intitulé : « Cest Psaultier fut a monseigneur saint Loys », a cloant d'argent doré, commençant au second feuillet, après le kalendriel et plusieurs ystoires, *qui non habent* [2] et au dernier *mundemur in mente* [3].

J'ignore quand ce Psautier de saint Louis sortit de la librairie des ducs de Bourgogne. Au XVIIIe siècle il devint la propriété de J. Van den Bergh, qui l'offrit en 1741 à la bibliothèque de l'Université de Leide. Je l'ai examiné en 1879 dans ce dépôt, sous les yeux de mon ami regretté le D^r Du Rieu, alors bibliothécaire en chef de l'Université; vingt ans plus tard M. le D^r De Vries, digne successeur de Du Rieu, a bien voulu laisser venir à Paris le Psautier de saint Louis, sous la conduite du conservateur, M. le Dr Molhuysen, en compagnie duquel j'ai eu le grand plaisir et l'inappréciable avantage de pouvoir le comparer avec les manuscrits similaires de Paris et de Chantilly.

---

[1] *Les Ducs de Bourgogne*, par L. DE LABORDE, t. II, p. 266, n° 4255. J'ai collationné ce texte sur l'inventaire original, qui est à la Bibliothèque nationale, Cinq cents de Colbert, vol. 127.

[2] *Habent* est une faute de copie; il aurait fallu mettre *abiit*. Dans le Psautier de Leide, les folios 31 et 185, qui sont le premier et le dernier du texte, commencent par les mots *qui non abiit* et *mundemur in morte*.

[3] BARROIS, *Bibliothèque protypographique*, p. 171, n° 1130.

III

PSAUTIER ATTRIBUÉ À SAINT LOUIS
ET À BLANCHE DE CASTILLE.

(Bibliothèque de l'Arsenal, ms. 1186.)

Le Psautier dont je vais m'occuper, et auquel Barbet de Jouy[1] et M. Henry Martin[2] ont déjà consacré de très bonnes notices, a été exécuté pour une grande dame. Il est tout à fait digne de la reine Blanche, à laquelle il est attribué par la tradition. C'est un volume de 192 feuillets de parchemin, hauts de 280 millimètres et larges de 198. Primitivement, les tranches en étaient fleurdelisées. La reliure actuelle, en bois recouvert de cuir estampé, peut dater de la seconde moitié du xve siècle.

L'écriture est en gros caractères très réguliers, qu'on peut rapporter au commencement du xiiie siècle[3]. On y remarque quelques *e* cédillés (ę) pour figurer la diphtongue *æ*. La lettre *a* employée pour représenter la préposition a reçu un accent[4]. Quand deux *e* sont à côté l'un de l'autre, ils sont également accentués : « *méé* (fol. 40 v°, 43, 49), *Bartholomée, Mathéé, Thadéé* » (fol. 183).

Nous allons passer en revue les différentes parties de ce somptueux volume.

Calendrier. — Le volume s'ouvre par un calendrier (fol. 1-8), dont la nomenclature des saints et des fêtes sera imprimée à l'Appendice (article VII).

Chaque mois occupe une page, dont la première ligne, écrite en noir, est un vers léonin[5] indiquant les jours égyptiaques, et la seconde, écrite en rouge, donne le nombre des jours du mois et de la lune.

[1] *Notice des antiquités, objets du moyen âge, de la renaissance et des temps modernes composant le Musée des souverains.* (Paris, 1866, in-8°, p. 39-41.)

[2] *Catalogue des manuscrits de la Bibliothèque de l'Arsenal,* t. II, p. 333-336.

[3] Le folio 122 v° est reproduit sur la planche VIII.

[4] Exemples : *á facie,* fol. 31 ; *á dextris,* fol. 40 v° ; *á me,* fol. 43 ; *á delicto,* fol. 46.

[5] «Prima dies mensis et septima truncat ut ensis...»

Les chiffres qui précèdent les mots *nonas, idus, kalendas,* se présentent par groupes de trois ou de deux, alternativement en rouge ou en vert; à droite de chacun de ces groupes, les mots abrégés *N., ID'., KL.* sont tracés alternativement en or ou en bleu. Au jour des nones de chaque mois, le mot NON. est figuré par un O placé entre deux N, dont l'un a perdu son dernier montant, tandis que l'autre est dépourvu du premier.

Dans la marge de droite, deux médaillons à fond d'or renferment, le premier une figure ou une scène caractéristique du mois, le second le signe correspondant du zodiaque.

Voici le sujet de la première série des médaillons :

Janvier, personnage à deux faces, qui de la main gauche tient une porte fermée, et qui de la main droite ouvre une seconde porte. — *Février,* le coin du feu. — *Mars,* la taille de la vigne. — *Avril,* jeune homme tenant une fleur, debout entre deux petits arbres. — *Mai,* cavalier ayant un faucon sur le poing. — *Juin,* le fauchage. — *Juillet,* le fanage. — *Août,* la moisson (le blé coupé à la faucille). — *Septembre,* la récolte des fruits. — *Octobre,* la vendange. — *Novembre,* la mise à mort du porc. — *Décembre,* une dame, la tête couronnée, debout devant une table bien servie, porte une coupe à ses lèvres; un seigneur s'apprête à remplir une autre coupe.

En tête du calendrier (fol. 1 v°), grande peinture couvrant toute la page et se rapportant à la composition du calendrier; elle représente trois personnages : un astronome (peut-être Sosigène, d'Alexandrie), avec des instruments astronomiques; un computiste (peut-être Denis le Petit), avec un livre ou des tablettes ouvertes; un clerc qui écrit dans un livre ou sur des tablettes. Un tableau semblable, dont quelques traits sont à peine relevés par des teintes en couleur, forme le frontispice d'un calendrier anglais qui se trouve à la Bibliothèque nationale [1], ms. latin 15170, relié dans un volume venu de l'abbaye de Saint-Victor.

A la suite du calendrier, une table pascale (*tabula paschalis*) est disposée de façon à indiquer le jour où la fête de Pâques devait tomber chacune des 532 années comprises entre 1116 et 1647, c'est-à-dire pendant une période formée de la combinaison du cycle solaire de 28 ans et du cycle lunaire de 19 ans, multipliés l'un par l'autre. Le système de ce tableau sera expliqué à l'Appendice [2].

---

[1] Voir à l'Appendice (article IX) une note sur ce fragment de manuscrit. — [2] Article VIII.

TABLEAUX. — Les trois cahiers qui suivent le calendrier (fol. 9-30) contiennent une série de 22 tableaux à fond d'or, peints sur des feuillets dont le côté opposé à la peinture est resté blanc. Les sujets de ces tableaux ont été empruntés à l'histoire de l'Ancien et du Nouveau Testament[1]. Chacune des pages peintes, à l'exception de cinq, comporte deux grands médaillons, dont l'un a l'extrémité inférieure de sa bordure engagée sous l'extrémité supérieure de la bordure de l'autre. Il y a donc 39 scènes représentées, savoir :

Fol.   9 v°. La chute des anges.
Fol. 10.   La création d'Ève.
Fol. 11 v°. I. Dieu défend à Adam et à Ève de manger les fruits de l'arbre.
             II. Adam et Ève se laissent séduire par le serpent.
Fol. 12.   I. Adam et Ève chassés du paradis par un ange.
             II. Adam avec une bêche; Ève avec une quenouille[2].
Fol. 13 v°. I. L'arche de Noé.
             II. Le sacrifice d'Abraham.
Fol. 14.   I. Moyse recevant les tables de la loi.
             II. L'adoration du veau d'or.
Fol. 15 v°. L'arbre de Jessé.
Fol. 16.   I. L'annonciation.
             II. La visitation.
Fol. 17 v°. I. La nativité de Notre-Seigneur.
             II. L'annonce de la nativité aux bergers.
Fol. 18.   I. L'adoration des rois mages.
             II. La présentation de Jésus au temple.
Fol. 19 v°. I. La fuite en Égypte.
             II. Le massacre des innocents.
Fol. 20.   I. Le baptême de Jésus par saint Jean.
             II. La tentation de Jésus par le diable.
Fol. 21 v°. I. La résurrection de Lazare.
             II. L'entrée de Jésus à Jérusalem.

[1] HENNIN (*Les Monuments de l'histoire de France*, t. III, p. 355) indique, dans les ouvrages suivants, la reproduction de plusieurs des peintures de ce manuscrit : DU SOMMERARD, *Les arts au moyen âge*, album, 8e série, pl. XVIII et XIX. — MARTIN et CAHIER, *Monogr. de la cathédr.* de Bourges, pl. étude 9. — LACROIX, *Le Moyen Age et la Renaissance*, t. II, *Miniatures*, pl. X, XII et XIII. — HUMPHREYS, pl. X. — DIDRON, *Annales archéol.*, t. X, p. 215.

[2] Ce tableau a été gravé dans l'édition illustrée du *Saint Louis* de M. Wallon, p. 367.

Fol. 22. I. Le lavement des pieds.
II. La cène.
Fol. 23 v°. I. La trahison de Judas.
II. Ecce homo.
Fol. 24. I. Jésus en croix.
II. La descente de croix. Sur les côtés du cadre où sont enfermés les deux médaillons, le peintre a représenté, dans deux demi-médaillons, la figure de la Synagogue, avec un étendard dont la lance est brisée, et celle de l'Église qui tient fièrement une croix et un calice.
Fol. 25 v°. I. Les saintes femmes au tombeau après la résurrection.
II. La descente de Jésus aux limbes.
Fol. 26. I. L'apparition de Jésus à Marie Madeleine.
II. Jésus fait toucher à Thomas la plaie de son côté.
Fol. 27. I. L'Ascension.
II. La Pentecôte.
Fol. 28. Le Roi de gloire sur un trône, bénissant de la main droite et tenant de la main gauche un livre fermé appuyé sur son genou. Le globe du monde est à ses pieds. Aux quatre angles du cadre, les symboles des évangélistes.
Fol. 29 v°. I. Le couronnement de la Vierge.
II. L'ensevelissement de la Vierge. (Interversion du tableau.)

J'ai déjà fait observer[1] que l'équivalent de 29 de ces tableaux existe dans les peintures initiales du Psautier d'Ingeburge, avec lequel celui-ci offre beaucoup d'analogie.

PSAUMES. — Le frontispice du Psautier (fol. 30) est formé par un grand B, dans l'intérieur duquel sont figurées deux scènes : David, assis sur un trône, dicte les psaumes à un scribe ; David debout, à côté de son trône, donne des instructions à quatre de ses sujets qui se tiennent respectueusement devant lui. Dans l'intérieur du cadre qui renferme l'initiale B, à droite et en bas, on a ménagé une bande bleue, sur laquelle se détachent en or les lettres EATVS. VIR. QVI. NON. ABIIT.

Le texte du Psautier, à partir des mots *in consilio impiorum,* au haut du folio 31, se poursuit jusqu'au bas du folio 167 v°.

[1] Plus haut, page 7.

Chaque psaume est précédé d'un argument tracé partie en caractères d'or, partie en caractères d'azur. Je cite les premiers arguments à titre d'exemple :

II. Ut subdamur Christo agentes de genitura Christi, et arguens persequentes et admonens ei obedire.

III. De passione et resurrexcione Christi breviter agens redarguit non credentes.

IV. Ut deserantur falsi dii et vana seculi, id est temporalia.

V. Ut certificet Ecclesiam de hereditate habenda.

VI. De penitencia.

VII. De passione Christi late et aperte.

VIII. Ut ostendat unum esse notum in tota terra.

IX. De humili adventu et de pena qua judicat, purgando, convertendo, excecando.

X. Ut resistatur hereticis.

Au cours du Psautier, en tête notamment des psaumes qui forment le début des matines et des vêpres, on trouve neuf miniatures à fond d'or, mesurant environ 90 millimètres sur 75, insérées dans les initiales de neuf psaumes et dont le sujet se rattache, soit au texte même du psaume, soit à l'application qui en était faite par les docteurs.

Fol. 51.   Ps. xxvi. L'onction de David par Samuel. — Avant le psaume : « Dominus illuminatio mea », dont l'argument est ainsi conçu : « De eo quod est ante perfectam untionem, ut ad secundam nos diligenter paremus. »

Fol. 65.   Ps. xxxviii. David assis sur son trône, un glaive à la main gauche, met la main droite sur sa bouche pour se défendre des suggestions de l'esprit du mal. — Avant le psaume : « Dixi, custodiam vias meas ut non delinquam in lingua mea », avec l'argument : « De transiliente manentes in hoc mundo, si lingue continentiam servemus. »

Fol. 77.   Ps. li. David et Goliath. — Avant le psaume : « Dum gloriaris in malicia, qui potens es in iniquitate. » Argument : « De regno Dei et regno diaboli, id est de bonis hominibus et de malis, ut roborentur fideles contra Antechristum. »

Fol. 77 v°. Ps. lii. Un insensé entre deux diables dont il écoute les propos. — Avant le psaume : « Dixit insipiens in corde suo : Non est Deus. » Argument : « De malis et de adventu judicii, ut Ecclesiam contra malos consoletur. »

Fol. 89.   Ps. lxviii. David dans les eaux implore le Seigneur, qui sort d'un nuage, bénissant et tenant un globe. — Avant le psaume : « Salvum me fac, Deus, quoniam intraverunt aque usque ad animam meam. »

Argument : « De passione et resurrectione Christi lacius agens[1], ut laudemus pro facta conmutatione. »

Fol. 105 v°. Ps. LXXX. David frappe du marteau un jeu de clochettes; à ses côtés, deux musiciens jouent de la trompette. — Avant le psaume : «Exultate Deo. » Argument : «De ecclesiis a quibus pressura tribulationum, ut post baptismum, his contemptis, ad celestia mente ascendamus. »

Fol. 120 v°. Ps. XCVII. Deux chantres debout devant un autel : l'un d'eux suit du doigt la notation d'un livre placé sur un lutrin. — Avant le psaume : « Cantate Domino canticum novum. » Argument : «De utroque adventu; tercius monens ad laudem et exultationem. »

Fol. 122 v°. Ps. CI. Une dame, à genoux devant un autel, implore le Seigneur qu'on voit sortir d'un nuage, bénissant et tenant un globe. — Avant le psaume : «Domine, exaudi orationem meam. » Argument : «Quintus de penitencia, quartus qui oratio Domini, ut omnes suam cognoscant misericordiam et Dei petant misericordiam. » (Cette page est reproduite en phototypie sur la planche VIII.)

Fol. 136 v°. Ps. CIX. La Trinité : le Père et le Fils assis sur un banc, l'un et l'autre bénissant et tenant un livre; entre les deux, le Saint Esprit dans un nuage, sous la forme d'une colombe. — Avant le psaume : « Dixit Dominus domino meo : Sede a dextris meis. » Argument : «De duabus naturis in Christo, breviter, ut Christo subdamur. »

A la fin du Psautier, quatre pages peintes :

Fol. 168. Quatre médaillons coupés par le milieu et renfermant des scènes de l'Apocalypse. La prédication de l'Antéchrist. Le martyre d'Enoch et d'Élie. L'Antéchrist précipité dans l'enfer.

Fol. 169 v°. Deux médaillons. Dans celui du haut de la page, deux anges sonnent de la trompette et font sortir les morts de leurs tombeaux. Dans l'autre, saint Michel pèse les âmes.

Fol. 170. Deux médaillons. Dans l'un, Notre-Seigneur, assis entre deux anges, montre les blessures de ses mains et de son côté. Dans l'autre, un ange conduit les élus au paradis, pendant que le diable entraîne les réprouvés en enfer[2].

Fol. 171 v°. Deux médaillons. En haut, Notre-Seigneur tient une grande draperie dans laquelle deux anges font entrer les âmes des justes. En bas, les supplices des damnés.

---

[1] *Aget*, avec un signe d'abréviation sur l'*e*. — [2] Ces deux médaillons sont gravés dans l'édition illustrée du *Saint Louis* de M. Wallon, p. 366 et 409.

Viennent ensuite :

1° Les cantiques et les pièces qui se trouvent d'ordinaire dans les psautiers liturgiques :

Fol. 172. Canticum Ysaie prophete. — Canticum Ezechie. — Fol. 173. Canticum Anne prophetisse. — Fol. 173 v°. Canticum Moysi prophete : « Cantemus Domino... » — Fol. 175. Canticum Abacuc. — Fol. 176 v°. Canticum Moysi : « Audite celi... » — Fol. 179 v°. Canticum beati Ambrosii : « Te deum... » — Fol. 180 v°. Hymnus trium puerorum. — Fol. 181. Canticum Zacharie. — Fol. 182. Canticum beate Marie. — Fol. 182. Canticum sancti Simeonis. — Fol. 182 v°. Laus angelorum : « Gloria in excelsis... » — Oratio dominica. — Fol. 183. Symbolum apostolorum. — Symbolum : « Credo in unum Deum patrem omnipotentem... » — Fol. 184. Fides catholica : « Quicumque vult... »

2° Les Litanies des Saints (fol. 186), dont les noms invoqués après ceux des apôtres, se succèdent dans l'ordre suivant :

Martyres. — Stephane, Line, Clete, Clemens, Corneli, Cypriane, Laurenti, Vincenti, Syxte, Arnulfe, Dionisi, Nigasi, Fabiane, Sebastiane, Gervasi, Prothasi, Maurici, Eustachi, Christofore, Quintine, Ypolite, Blasi, Leodegari, Albane, Edmunde, Thoma.

Confessores. — Silvester, Leo, Gregori, Ambrosi, Augustine, Jeronime, Ylari, Martine, Nicholae, Remigi, Germane, Cuthberte, Benedicte, Audoene, Leonarde, Egidi, Honeste.

Mulieres. — Maria Magdalene, Maria Egiptiaca, Felicitas, Perpetua, Agatha, Lucia, Agnes, Cecilia, Anastasia, Margarita, Katherina, Genovefa, Scolastica, Petronilla, Brigida, Praxedis, Radegundis, Columba, Fides, Spes, Caritas.

Les oraisons faisant suite aux Litanies des Saints :

Deus cui proprium est misereri... — Pretende, Domine, famulis et famulabus tuis... — Ure igne Sancti Spiritus renes nostros... — Omnipotens sempiterne Deus, qui facis mirabilia... — Actiones nostras, quesumus, Domine, aspirando... — A domo tua, quesumus, Domine, spirituales nequitie... — Protector in te sperantium, Deus, sine quo... — Ecclesie tue, Domine, preces placatus... — Adesto, Domine, supplicationibus nostris... — Animabus, quesumus, Domine, famulorum famularumque tuarum oratio proficiat... — Domine Jhesu Christe et redemptor mundi, qui me miserrimam peccatricem permittis huic consecrationi corporis et sanguinis tui preter merita mea interesse... — Domine Jhesu Christe, creator et redemptor mundi, cujus magnitudo incomprehensibilis est...

On a supposé que ce Psautier, comme celui d'Ingeburge, pouvait avoir une origine anglaise. C'est là, je crois, une hypothèse difficile à accepter. L'origine française me paraît bien établie par le texte du calendrier, dont la nomenclature sera publiée à l'Appendice (article VII).

Avant d'arriver à la bibliothèque de l'Arsenal, le manuscrit avait longtemps appartenu à la Sainte-Chapelle. Les chanoines, en le montrant dans leur trésor, prétendaient qu'il avait servi à la reine Blanche et à saint Louis. Cette tradition fort ancienne est tout à fait respectable, bien qu'elle ne soit pas attestée par des témoignages remontant au xiiie siècle.

Sur le folio 191, une main du xive siècle a tracé ces mots : « C'est le Psaultier monseigneur saint Loys ▬▬▬, lequel fu a sa mère. » Différents inventaires[1], à partir de l'année 1377, mentionnent cette royale origine ; le plus ancien l'indique en ces termes : « Unum pulcherrimum Psalterium quod fuit quondam, ut dicitur, beati Ludovici. » Dans un inventaire qui est à peu près de la même date, nous lisons : «Un très bel Psaultier qui fu a monseigneur saint Loys », ou plutôt, pour tenir compte d'une rectification à peu près contemporaine : «Un très bel Psaultier, qui fu a [madame Blanche, mère de] monseigneur saint Loys. » Une autre main a ajouté ces mots : « Lequel le roy qui est a present a fait revestir d'un drap d'or a fleurs de liz, et a fermaux d'or a fleurs de liz. » Le roi ainsi mentionné doit être Charles VI, dont la signature a été apposée sur le folio 191 v°[2]. Il semble qu'on ait d'abord considéré le Psautier comme une relique de saint Louis, et que la lecture de l'oraison qui est sur le folio 190 et dans laquelle se trouvent les mots : *qui me* MISERRIMAM PECCATRICEM *permittis huic consecrationi. . . interesse*[3], ait conduit à attribuer le livre à la reine Blanche plutôt qu'à son fils.

Il est encore bon de faire remarquer que, sur le folio 122 v°, c'est une dame qui est représentée à genoux, adressant sa prière au Seigneur : *Domine , exaudi orationem meam*. Toutefois, la dame ne paraît pas porter la couronne royale, comme on peut le voir sur notre planche VIII.

---

[1] Voir *Le Cabinet des manuscrits de la Bibliothèque nationale*, t. II, p. 263.

[2] Cette signature est du second type des signatures de Charles VI, dont nous avons des exemples depuis l'année 1393. (Voir la *Bibliothèque de l'École des chartes*, 1890, t. LI, p. 90-92.)

[3] Oraison à rapprocher de celle qui sera indiquée plus loin, page 49, dans le second des Petits psautiers de saint Louis.

Quoi qu'il en soit, le Psautier a bien l'apparence d'un livre royal; je n'ai pas hésité à le comprendre dans la présente étude.

Les religieuses de Maubuisson[1] se glorifiaient de posséder un Psautier venu de la reine Blanche. Il est ainsi décrit sur un inventaire de l'année 1463 :

Ung autre beau Psaultier a kalendier, qui fut a la royne Blanche, hystorié, commençant ou second feullet du psaultier *anima* (corr. *inania*) *astiterunt*, et finissant ou penultime *reclinatorium*.

[1] Dutilleux et Depoin, *L'abbaye de Maubuisson*, p. 154.

IV

PETIT PSAUTIER DE SAINT LOUIS.

(Bibliothèque nationale, ms. latin 10525.)

Le format et le poids des trois psautiers qui viennent d'être examinés montrent suffisamment que c'étaient des livres destinés à être placés sur des pupitres ou sur des prie-Dieu. Celui dont il va être question a l'aspect d'un livre portatif, facile à tenir à la main quand on avait à s'en servir. Il a droit à tous nos respects, car il a été fait pour saint Louis, qui a dû souvent en tourner les feuillets pendant les dernières années de sa vie.

Longtemps conservé dans la maison royale, il fut donné à Charles V, par Jeanne d'Évreux, veuve de Charles le Bel. Au commencement du xve siècle il appartenait à une religieuse de Poissi, Marie de France, qui l'avait reçu du roi Charles VI son père. C'est ce qu'atteste une inscription du xve siècle, tracée en caractères rouges, sur le feuillet de garde :

Cest Psaultier fu saint Loys, et le donna la royne Jehanne d'Evreux au roy Charles filz du roy Jehan, l'an de Nostre Seigneur mil troys cens soissante et nuef; et le roy Charles present [1], filz dudit roy Charles, le donna à Madame Marie de France, sa fille, religieuse à Poyssi, le jour Saint-Michel l'an mil IIIIe. . . [2].

On peut supposer que le Psautier de saint Louis resta à Poissi jusqu'à la fin du xviiie siècle. J'ignore comment le prince Michel Galitzin en était devenu possesseur : il l'offrit au roi Louis XVIII, qui le fit déposer à la Bibliothèque royale. Cette précieuse relique fut portée, en 1852, au Musée des Souverains. Je n'oublierai jamais avec quelle émotion je le rapportai du Louvre à notre Département des manuscrits, un jour de l'année 1872, en compagnie de

[1] L'auteur de la *Notice du Musée des Souverains*, p. 42, a cru voir ici les mots « Charles, petit fils du dit roy, » et a supposé qu'il s'agissait de Charles VII.

[2] Le complément de la date est resté en blanc. Ce fut seulement en 1408 que Marie de France fit profession au couvent de Poissi; elle mourut en 1438. Cette religieuse devait avoir le goût des beaux livres. C'est à elle que le duc de Berri donna les deux beaux volumes connus sous le nom de Bréviaire de Belleville. Voir plus loin, p. 82, et l'article XII de l'Appendice, p. 115.

l'évangéliaire de Charlemagne, des deux bibles de Charles le Chauve, de la petite bible française de Charles V, des Heures d'Anne de Bretagne et d'autres épaves du Musée des Souverains. Il porte aujourd'hui le n° 10525 du fonds latin, qui lui avait été réservé en 1862, lors de la constitution de cette série de nos collections.

Ce volume consiste en 260 feuillets de fin parchemin, hauts de 210 millimètres et larges de 150. La justification des pages occupées par l'écriture est de 18 lignes à la page.

Les 78 premiers feuillets sont remplis par une admirable suite de tableaux dont les sujets ont été empruntés aux premiers livres de l'Ancien Testament.

A la suite de ces tableaux ont été copiés un calendrier (fol. 79-84 v°), les psaumes (fol. 85 v°-245 v°), les cantiques (fol. 245 v°-258 v°), y compris le *Te Deum* et le symbole de saint Athanase.

Les mentions à relever dans le calendrier, dont le texte complet sera publié à l'Appendice (article X), sont les suivantes :

VII   idus februarii. Obitus Roberti, comitis Attrenbatensis.
III   kal. maii. Petri, martyris, ix lectionum.
VI   kal. maii. Dedicatio sancte capelle Parisiensis. Annuum festum.
VI   non. maii. Octave dedicationis ecclesie. Duplum.
II   idus julii. Obitus Philippi, regis Francorum.
III   idus augusti. Sollempnitas sancte corone. Annuum festum.
XV   kal. septembris. Octave sancte corone. Duplum.
II   kal. octobris. Translatio sacrosanctarum reliquiarum. Annuum festum.
    Nonas octobris. Octave translationis reliquiarum. Duplum.
VI   idus novembris. Obitus Ludouvici, regis Francorum.
V   kal. decembris. Obitus Blachie, regine Francorum.
II   nonas decembris. Parisius susceptio reliquiarum.

Toutes ces mentions[1] sont parfaitement à leur place dans un livre destiné à saint Louis; elles confirment bien une tradition remontant authentiquement au XIVe siècle. Elles ont de plus l'avantage de fixer l'époque à laquelle le livre a été fait : après la mort de Robert, comte d'Artois (1250), après celle de la reine Blanche (1252), et après la canonisation de saint Pierre le dominicain

[1] On a inséré dans le calendrier, au 28 janvier, en caractères du XIVe siècle, le nom de *Karolus Magnus*. Barbet de Jouy (*Notice du Musée des Souverains*, p. 72) a supposé que cette addition était de la main de Charles V. Cette hypothèse me paraît très hasardée.

(1253); le Psautier a été certainement exécuté peu de temps après le retour du roi en France.

Le calendrier est écrit avec une élégante simplicité. Les fêtes principales y sont marquées en rouge. Le bleu n'a guère été employé que pour les signes abrégés des mots calendes, nones et ides (Kl., N., Id.), et pour les lignes initiales indiquant les jours égyptiaques : «Jani prima dies et septima fine timetur. . .» Contrairement à l'usage, il n'y a aucune enluminure : ni figure des signes du zodiaque, ni scène caractéristique des occupations du mois.

Le corps du volume, contenant les psaumes et les cantiques, a été exécuté avec plus de luxe; les initiales des versets sont alternativement en or et en azur.

Le frontispice (fol. 85 v°) a pour motif un très grand B, initiale du premier psaume, qui occupe toute la hauteur de la justification de la page. Dans la partie supérieure de la lettre, David, d'une fenêtre de son palais, regarde Bethsabée sortant du bain. Dans la partie inférieure, il est agenouillé, les mains jointes, adressant sa prière au Seigneur, dont l'image se détache sur une gloire d'or bordée d'un nuage bleuâtre; le fond de l'autre partie du tableau est un losangé d'or et d'azur chargé de fleurs de lis d'or [1].

Les initiales des autres psaumes par lesquels débute l'office des matines des différents jours de la semaine et celui des vêpres du dimanche sont ornées de peintures [2] moins grandes, dont la hauteur varie de 7 à 10 centimètres. Elles sont toutes coupées en deux compartiments, et dans toutes le compartiment supérieur renferme l'image de David en prières devant le Seigneur [3], comme sur la miniature du folio 85 v°.

> Fol. 110 v°. Ps. xxvi. *Dominus illuminatio.* Le fond du compartiment supérieur est un losangé dans lequel les fleurs de lis d'or sur azur alternent avec des pals d'or sur gueules. Dans le compartiment inférieur, deux groupes de religieux et de religieuses sont en adoration devant une sorte de triangle, sur lequel sont fixées neuf lampes d'or; les losanges du fond sont alternativement chargés de lis sur azur et de châteaux sur gueules.

---

[1] Ce frontispice a été reproduit plusieurs fois, notamment dans l'*Album paléographique de la Société de l'École des chartes* et dans le tome LIX des *Mémoires de la Société des antiquaires de France.*

[2] Ces peintures, comme celle du frontispice (fol. 86 v°), ont été comprises dans la publication de M. Omont.

[3] Une de ces miniatures, l'initiale du psaume xxxviii, est reproduite sur la planche VI.

Fol. 126 v°. Ps. xxxviii. *Dixi*[1] *custodiam.* Le fond de la partie supérieure du tableau est un semé de losanges d'or sur gueules du côté gauche et sur azur du côté droit. Dans le bas, sur un fond d'or, deux groupes de religieux et de religieuses, dont les chefs mettent l'index sur la bouche, comme pour dire «ut non delinquam in lingua mea».

Fol. 141 v°. Ps. lii. *Dixit insipiens.* Les fonds des deux compartiments sont semés de croix recercelées d'or sur gueules ou azur. Dans celui du bas, l'enlumineur a représenté deux lutteurs.

Fol. 156 v°. Ps. lxviii. *Salvum me fac.* Dans le bas, un homme en danger de se noyer; le fond est un losangé de fleurs de lis et de châteaux.

Fol. 175. Ps. lxxx. *Exultate Deo.* Un musicien jouant du luth; près de lui, une viole, une harpe et deux jeux de quatre clochettes; le fond est tout en or.

Fol. 192. Ps. xcvii. *Cantate Domino.* Deux chantres devant un lutrin; fond losángé d'or plein et de fleurs de lis d'or sur azur.

Fol. 210. Ps. cix. *Dixit Dominus domino meo.* La Trinité, dont le Saint-Esprit est sous la forme d'une colombe; fond d'or plein.

Sur toutes les pages du Psautier il faut remarquer les bouts de lignes, hauts d'un peu plus de 3 millimètres, qui sont d'une extrême élégance et d'une très grande finesse d'exécution. La combinaison de l'or, du rouge et du bleu avec le noir du texte courant et avec les grandes majuscules en or et en azur qui bordent les marges de gauche, produit les effets les plus harmonieux. C'est par milliers qu'il faut compter, sur l'azur et le vermillon de ces bouts de lignes, des bêtes fantastiques, des dragons à queues interminables, de petits paons aux plus gracieuses attitudes, des fleurs de lis, des châteaux, des aigles, des croix recercelées, des bandes, des pals et des chaînes posées en croix et en sautoir. Les motifs qui reviennent de beaucoup le plus fréquemment sont les fleurs de lis et les châteaux; il serait difficile de ne pas leur attribuer un caractère héraldique, puisque les fleurs de lis sont toujours d'or sur azur, et les châteaux d'or sur gueules.

Quelque plaisants que soient à l'œil ces bouts de lignes, il faut réserver la meilleure part de notre admiration pour les 78 tableaux à fond d'or qui forment la première partie du volume. Les feuillets qui ont été consacrés à ces tableaux sont disposés de façon à laisser toujours voir en même temps

[1] Le ms. porte *Dixit.* — Voir la planche XI.

deux pages peintes. Le côté du parchemin que le peintre n'a pas employé a reçu une légende française, qui explique le sujet du tableau peint de l'autre côté : la légende de chaque recto se rapporte à la miniature du verso qui suit; celle du verso, à la miniature du recto précédent.

Chaque tableau est enfermé dans un cadre qui mesure 125 millimètres sur 94. Comme fond du tableau, l'artiste a uniformément figuré deux travées d'une église gothique.

Cette suite de tableaux [1] constitue peut-être le meilleur exemple qui nous soit parvenu de la peinture française du milieu du XIII° siècle. Aucune description ne pourrait donner une idée du talent déployé par l'artiste qui travaillait pour saint Louis. Je dois me contenter de renvoyer à l'édition phototypique que mon confrère et ami, M. Omont, a tout récemment fait paraître des peintures du Psautier [2]; mais une reproduction en noir rend bien imparfaitement des compositions dont le charme tient en grande partie à l'éclat des ors et à la fraîcheur des couleurs, aussi vives aujourd'hui qu'au temps de saint Louis.

On peut dire d'une façon générale que chaque tableau comporte deux scènes et qu'il est, pour ainsi dire, partagé en deux compartiments par la colonne qui sépare les deux travées du fond.

Quant aux sujets des tableaux, ils sont empruntés aux premiers livres de l'Ancien Testament, depuis le chapitre IV de la Genèse (Histoire de Caïn et d'Abel) jusqu'au chapitre XI du premier livre des Rois (couronnement de Saül).

Les légendes françaises qui expliquent les tableaux ont toutes été publiées par Barbey de Jouy [3] et par M. Omont. J'insère ici, à titre d'exemple, les cinq premières.

Fol. 1.   En ceste page est conment Caym et Abel offrent leur disme a Dieu. — Gen., IV, 3 et 4. (Peinture, fol. 1 v°.)

---

[1] Entre autres reproductions fragmentaires, je citerai les trois morceaux réunis dans un même cadre en tête de la première page du tome XX du *Recueil des historiens de la France* (l'offrande d'Abraham à Melchisédech, la naissance de Samson et le triomphe de Saül). — A titre de spécimen, j'ai donné sur la planche IX le tableau qui représente Rébecca à la fontaine.

[2] *Psautier de saint Louis. Reproduction des 86 miniatures du manuscrit latin 10525 de la Bibliothèque nationale.* Paris, 1902, petit in-8°; IV et 20 p., avec 92 phototypies. Dans cet élégant volume se trouve aussi la reproduction de six miniatures de l'autre Petit Psautier de saint Louis.

[3] *Notice du Musée des Souverains*, p. 42-50.

Fol. 2 v°. En ceste page est conment Caym ocit Abel, son frère, et conment Dieus li demande qu'il a fait de son frère Abel. — Gen., IV, 8. (Peinture, fol. 3.)

Fol. 3. En ceste page est conment Noei est en l'Arche au duluge. — Gen., VII, 7. (Peinture, fol. 3 v°.)

Fol. 4 v°. En ceste page est conment Noei fu yvres et s'endormi descovers, et conment si enfant le covrirent. — Gen., IX, 23. (Peinture, fol. 5.)

Fol. 5. En ceste page conment Abraham ce conbati encontre ses enemis, et conment il ocist les trois rois et gaaingnai leur despuelles. — Gen., XIV, 15. (Peinture, fol. 5 v°.)

V

SECOND PETIT PSAUTIER DE SAINT LOUIS.

(Cabinet de M. Henry Yates Thompson, à Londres.)

J'ignore absolument à quelle époque et comment est sorti de France un psautier, qui est le frère jumeau de celui dont la description a été donnée dans le chapitre précédent. Westwood, l'auteur du grand recueil de fac-similés de manuscrits anglo-saxons et irlandais, voulut bien, en 1884, m'en signaler l'existence dans le cabinet de John Ruskin. Celui-ci n'avait pas craint d'en détacher des feuillets au profit de quelques amis. Les héritiers de Ruskin l'ont cédé à M. Henry Yates Thompson, qui a réussi à recouvrer une bonne partie des *disjecti membra libelli*. Avec la libéralité dont il est coutumier, M. Thompson l'a communiqué au docteur Arthur Haseloff, qui l'a fait connaître par une savante notice insérée en 1900 dans les *Mémoires de la Société des antiquaires de France*[1]. Tout récemment, au mois de juin 1902, il m'a fait le grand honneur de me confier pendant quelques jours ce précieux manuscrit, accru de plusieurs feuillets depuis l'époque à laquelle M. le Dr Haseloff l'avait examiné. C'est ainsi que j'ai pu le soumettre à un minutieux examen, en le rapprochant du Psautier conservé à la Bibliothèque nationale sous le n° 10525 du fonds latin.

Le manuscrit de M. Thompson consiste aujourd'hui en 300 feuillets de parchemin, hauts de 195 millimètres et larges de 135.

La justification des feuillets de texte comporte dix-huit lignes à la page.

Ce volume contient, comme le manuscrit 10525 de la Bibliothèque nationale, une suite de tableaux représentant des scènes de l'Ancien Testament, un calendrier et les psaumes. Il renferme, en outre, une seconde partie, comprenant des offices et des prières qui n'existent pas dans le manuscrit de la Bibliothèque nationale.

Prenons successivement chacune de ces parties.

[1] T. LIX; 6ᵉ série, t. IX, p. 18-42.

PREMIÈRE PARTIE.

Elle se compose de trois morceaux bien distincts : des tableaux représentant des scènes de l'Ancien Testament, un calendrier, le psautier avec les annexes habituelles.

TABLEAUX. — D'une suite de tableaux qui, selon toute apparence, devait être plus considérable avant la mutilation du manuscrit, il ne paraît plus subsister que six feuillets, sur lesquels les peintures ne sont pas accompagnées de légendes explicatives, comme il en existe dans l'autre Psautier. Les sujets de ces six tableaux ont été fournis par les livres II et III des Rois.

Premier tableau : David ramenant l'Arche à Jérusalem et jouant de la harpe (2 Reg., VI, 15 et 16). Il y en a une phototypie dans les *Mémoires de la Société des antiquaires de France,* t. LIX, pl. III.

Deuxième tableau : Absalon pendu à un chêne et transpercé par trois lances (2 Reg., XVIII, 9-14).

Troisième tableau : Désespoir de David en apprenant la mort d'Absalon (2 Reg., XVIII, 33).

Quatrième tableau : Salomon, amené sur la mule de David, est sacré par Sadoc (3 Reg., I, 38 et 39). — Ce tableau est reproduit sur la planche X.

Cinquième tableau : David sur son lit de mort donne des instructions à son fils Salomon (3 Reg., II, 1).

Sixième tableau : Ensevelissement de David en présence de Salomon et de Bethsabée.

Ces peintures sont sorties du même atelier que celles du manuscrit de la Bibliothèque nationale. La disposition des tableaux est la même. Il n'y a de différence que pour l'architecture de l'édifice qui sert de fond à la scène représentée. On appréciera cette différence en jetant les yeux sur les planches XI et XII, qui reproduisent le folio 126 v° du Psautier de la Bibliothèque nationale et le folio 42 du Psautier de M. Thompson.

La série des tableaux du manuscrit de M. Thompson, comme l'a supposé M. Haseloff, paraît bien faire suite à la série des 78 tableaux du manuscrit de la Bibliothèque nationale.

CALENDRIER. — Le calendrier, composé de six feuillets, est, à part de légères différences, absolument semblable à celui de l'autre Psautier de saint

Louis[1]. L'un et l'autre contiennent les notes nécrologiques relatives aux anniversaires de Philippe Auguste, de Louis VIII, de la reine Blanche et de Robert, comte d'Artois, et n'en contiennent aucune autre. Dans tous les deux, les fêtes particulières à la Sainte-Chapelle sont marquées avec le même soin. Les mêmes fautes se rencontrent à plusieurs endroits :

Au 8 février, *Attrenbatensis* pour *Attrebatensis*. — Au 17 février, *sol in piscis* pour *in pisces*. — Au 25 mars, *psalmatus* pour *plasmatus*. — Au 11 mai, *Maiolis* pour *Maioli*. — En tête du mois de novembre, *ad male cunctus*. — Au 9 novembre, *Theodoris* pour *Theodori*. — En tête du mois de décembre, la leçon absurde *exanxius* pour *exsanguis*, et l'omission du mot *denus*.

Cependant les deux manuscrits n'ont pas été copiés l'un sur l'autre. Celui du cabinet de M. Thompson contient la mention de douze fêtes qui ne sont pas dans l'autre :

28 mai : *Caurani*. — 24 juin : *Agriberti et Agoardi*. — 28 juillet : *Sansonis*. — 1er août : *Exuperii, Fidei*, etc. — 29 août : *Mederici*. — 1er septembre : *Prisci*. — 3 septembre : *Godograndi*. — 1er octobre : *Germani*, etc. — 7 octobre : *Sergi*, etc. — 16 octobre : *Luciani*, etc. — 24 novembre : *Grisogoni*.

Il y a une remarquable différence à relever dans l'exécution matérielle des deux calendriers. Sur les pages de celui de Paris, l'or n'a été employé que pour le monogramme initial KL de chaque mois; tout le reste y est écrit en noir, en rouge ou en bleu. Sur les pages de l'autre, tout est or et azur, sans aucun mélange de noir ou de rouge, ce qui produit un effet à la fois harmonieux et éblouissant.

Psaumes. — Lorsque Ruskin a numéroté les feuillets de son manuscrit, le psautier et les annexes habituelles du psautier occupaient 177 feuillets, non compté le frontispice. Tel que M. Yates Thompson est parvenu à le reconstituer, il manque encore neuf feuillets du psautier : ceux auxquels Ruskin avait assigné les cotes 11, 12, 25, 47, 57 et 106 sont aux Écoles Ruskin à Oxford; les trois feuillets cotés 65, 117 et 118 sont passés en Amérique; ils appartiennent au professeur Charles Eliot Norton, de Cambridge (Massa-

---

[1] On trouvera à l'*Appendice* (article X) une édition du calendrier d'après les deux manuscrits.

chusets). Antérieurement à la pagination de Ruskin, le volume avait déjà perdu deux feuillets, dont la place était avant ou après le feuillet coté 65, c'est-à-dire à côté du premier des feuillets de M. Norton [1].

A la suite des psaumes, on trouve les cantiques habituels : *Confitebor tibi, Domine,* etc. (fol. 162), y compris le *Te Deum* (fol. 171) et le Symbole de saint Athanase (fol. 175), auquel succède ce que M. Haseloff appelle un Appendice liturgique et que je décrirai comme formant la seconde partie du manuscrit.

L'illustration du Psautier de M. Thompson offre beaucoup d'analogie avec celle du Psautier n° 10525 de la Bibliothèque nationale.

Le frontispice, représentant la faute et le repentir de David, est identique, comme on peut s'en assurer en regardant le fac-similé des deux exemplaires sur les planches IV et V du tome LIX des *Mémoires de la Société des antiquaires de France.* Toutefois, dans le manuscrit de M. Thompson le fond du compartiment inférieur de ce frontispice n'est pas fleurdelisé.

Les sept autres peintures du Psautier, une seule exceptée, sont absolument pareilles dans les deux manuscrits, sauf que les figures du Seigneur, qui sont en pied dans le manuscrit de Paris, sont en buste dans le manuscrit anglais. Le tableau dont le sujet diffère est celui qui est en tête du psaume LII (*Dixit insipiens in corde suo...*). A cet endroit, l'enlumineur du Psautier de la Bibliothèque nationale a figuré deux lutteurs; sur le folio 57 de l'autre Psautier [2], l'*insipiens* du premier verset du psaume LII, placé entre deux arbres, vêtu seulement d'un manteau, marche vers la droite; de la main gauche il porte un pain à sa bouche (*devorant plebem meam ut cibum panis,* verset 5) et de la droite il tient une massue.

Dans les deux parties du manuscrit, les bouts de lignes ont été enluminés suivant les mêmes formules et par les mêmes procédés que dans le psautier de la Bibliothèque nationale. Toutefois, les artistes du manuscrit de M. Thompson ont adopté plusieurs motifs qu'on chercherait en vain dans l'autre manuscrit; ils ont semé à profusion de petites images de lions, de chiens, de lapins, de daims et de poissons. Les chasses au sanglier des folios 174 v°, 175 et 175 v° sont tout à fait remarquables. M. S. C. Cockerell a cru pouvoir distinguer dans ces enluminures le travail de sept mains différentes.

[1] Je dois ces constatations à l'obligeance de M. S. C. Cockerell. — [2] Le feuillet 57 est absent du manuscrit de M. Thompson. J'en parle d'après M. Haseloff, qui a dû le voir à Oxford.

Comme sujet de fantaisie assez étranger à un livre de dévotion, on peut citer les deux groupes de joueurs de boules qu'un peintre a légèrement esquissés sur la marge inférieure du folio 174.

SECONDE PARTIE.

Elle peut se diviser en six sections, qui vont être passées en revue.

I (fol. 177 v°-198). — Matines et laudes de l'Office de Notre-Dame. En tête des matines (fol. 177 v°), à l'intérieur du grand D initial, on voit un double tableau dans l'encadrement duquel des fleurs de lis d'or ont été très bien dessinées. Le compartiment supérieur contient la Vierge assise sur un banc, tenant l'enfant Jésus; dans le compartiment du bas, la trahison de Judas. Au commencement des laudes (fol. 191 v°), le peintre a représenté Jésus en butte aux moqueries des Juifs.

II (fol. 198-208). — Recueil de prières (antiennes, versets et oraisons), intitulées *Memoria* ou *Commemoratio,* analogues à celles que les livres d'heures de date plus récente appellent Suffrages. Je me contente de signaler les petites miniatures qui sont en tête de chacune des pièces et qui en font bien connaître l'objet :

Fol. 198.   La Trinité.
Fol. 198.   Le Calvaire.
Fol. 199.   Groupe de quatorze anges disposés sur trois rangs.
Fol. 199 v°.   Le baptême de Jésus par saint Jean.
Fol. 200.   Crucifiement de saint Pierre.
Fol. 200 v°.   Crucifiement de saint André.
Fol. 201.   Descente du Saint-Esprit sur les apôtres.
Fol. 201 v°.   Saint Jean l'évangéliste plongé dans l'huile bouillante.
Fol. 202.   Notre-Seigneur sur son trône, dans un quadrilobe aux angles duquel les évangélistes sont figurés par leurs symboles.
Fol. 202.   Massacre des Innocents.
Fol. 202 v°.   Saint Denis, entre deux anges, portant dans ses mains la partie supérieure de son crâne, ce qui a permis au peintre de figurer la face du saint dans un nimbe qui descend sur le front.
Fol. 203.   Saint Eustache et ses trois compagnons rôtis dans un taureau d'airain.
Fol. 203 v°.   Deux bourreaux tranchant la tête de deux martyrs.
Fol. 204.   Saint Nicolas dotant les trois pauvres filles.

Fol. 204 v°. Saint François en prières devant le Séraphin qui lui apparaît sur une croix.
Fol. 205.   Miniature à deux compartiments : en haut, saint Benoît assis, tenant une crosse et un livre; en bas, un groupe de religieux.
Fol. 205 v°. Un pape entouré de prélats qui figurent les confesseurs.
Fol. 206.   Sainte Marie Madeleine.
Fol. 206 v°. Sainte Marguerite sortant du dos d'un dragon.
Fol. 207.   Sainte Catherine, avec une roue brisée en petits morceaux.
Fol. 207 v°. Groupe de cinq vierges.
Fol. 208.   La cour céleste.
Fol. 208.   La célébration de la messe, en tête de la prière intitulée : « Memoria pro pace. »

III (fol. 209-226). — Second morceau de l'Office de Notre-Dame, comprenant les petites Heures, dont chacune est précédée d'une miniature représentant une scène de la Passion, savoir :

Fol. 209.   *Prime :* la flagellation.
Fol. 212 v°. *Tierce :* le portement de la croix.
Fol. 215.   *Sexte :* le Christ crucifié entre les deux larrons.
Fol. [217 v°][1]. *None :* le Christ sur la croix, percé d'une lance et abreuvé de vinaigre.
Fol. 220.   *Vêpres :* la descente de croix.
Fol. 224.   *Complies :* l'ensevelissement du Christ.

IV (fol. 227-241). — Les Psaumes de la pénitence, avec les annexes. Le commencement des Psaumes manque, par suite de l'absence de deux feuillets, dont l'enlèvement est antérieur à la pagination.

Dans les Litanies, copiées à la suite des Psaumes de la pénitence (fol. 233), il convient de relever les noms des martyrs, des confesseurs et des saintes que la cour de saint Louis invoquait dans ses dévotions :

Martyres. — Stephane, Vincenti, Laurenti, Georgi, Blasi, Gervasi, Prothasi, Dyonisi, Maurici, Eustachi, Ypolite, Nichasi, Leodegari, Clemens, Syxte, Quintine, Urbane, Alexander, Corneli, Cypriane, Cosma, Damiane, Christofore, Symphoriane, Thoma, Fabiane, Sebastiane.

[1] Le relieur a déplacé ce feuillet qui, par suite du déplacement, a reçu la cote 222. Le véritable 222 est coté 217.

Confessores. — Martine, Nicholae, Benedicte, Maure, Lupe, Germane, Marcelle, Augustine, Jeronime, Juliane, Silvester, Gregori, Hylari, Ambrosi, Eligi, Egidi, Remigi, Bricti, Guillerme, Francisce, Antoni.

Mulieres. — Maria Magdalene, Maria Egyptiaca, Genovefa, Katerina, Margareta, Scolastica, Agatha, Cecilia, Agnes, Felicitas, Columba, Cristina, Aurea, Honorina, Radegundis, Praxedis, Eufemia, Baltildis, Eugenia, Fides, Spes, Karitas.

La dernière des Oraisons qui font suite aux Litanies (fol. 240 v°) est conçue en termes qui prouvent que le livre était destiné à une femme :

Suscipere digneris, Domine Deus omnipotens, has orationes et hos psalmos consecratos, quos *ego misera et indigna peccatrix*[1] decantavi in honore sanctissimi nominis tui, et in veneratione sanctissime Marie virginis, matris Domini nostri Jhesu Christi, et in commemoratione novem ordinum angelorum celestium et omnium sanctorum tuorum, et *pro me misera famula tua,* et pro amicis meis, necnon et pro illis qui in me habent fiduciam orandi, et pro inimicis meis, et pro cunctis fidelibus viventibus sive defunctis. Concede, Domine Jhesu Christe, ut isti psalmi et iste orationes michi et omnibus proficiant ad salutem et ad veram penitenciam et vitam eternam consequendam, te auxiliante, salvator mundi, qui cum Patre et Filio et Spiritu Sancto, vivis et regnas Deus per omnia secula seculorum. Amen.

A cette oraison succède (fol. 241) la prière *O intemerata et in eternum benedicta,* dont la fin manque, par suite de l'enlèvement d'un feuillet, enlèvement qui est antérieur à la pagination du volume.

V (fol. 242-271). — Ces trente feuillets sont remplis par l'Office des morts, dont la mutilation qui vient d'être indiquée a fait disparaître le commencement.

VI (fol. 271-290). — Offices en l'honneur de la Vierge, dont le caractère est indiqué par les rubriques :

Fol. 271.   In nativitate sancte Marie virginis.
Fol. 274.   In annunciatione Domini.
Fol. 276 v°. In purificatione beate Marie.
Fol. 280 v°. In assumptione beate Marie.
Fol. 284 v°. Legenda in sabbatis.
Fol. 289.   In festis duplicibus super psalmos. Antiphona.

[1] Texte à rapprocher de l'oraison *Domine Jhesu Christe et redemptor,* copiée dans le Psautier attribué à la reine Blanche de Castille. Voir plus haut, p. 33 et 34.

La fin de ces offices manque, les feuillets qui faisaient suite à celui qui est coté 290 ayant disparu. — L'illustration de cette partie consiste en cinq miniatures : la nativité de Notre-Dame (fol. 271 v°), l'Annonciation (fol. 274 v°), la présentation de l'enfant Jésus au vieillard Siméon (fol. 277), l'Assomption (fol. 281), la Vierge assise sur un banc, l'enfant Jésus à son bras (fol. 281).

Au manuscrit paraît avoir été annexé un cahier de cinq feuillets, qui en est aujourd'hui détaché et qui contient, à la suite du *Veni Creator,* la messe du Saint-Esprit, en caractères du xive siècle. Il n'y a pas à tenir compte de cette annexion, qui est tout à fait fortuite.

Le choix des textes qui forment la seconde partie du manuscrit a un tout autre caractère. Il y faut voir un remarquable exemple de l'usage qui s'introduisit dans la seconde moitié du xiiie siècle de joindre au Psautier certains offices, usage qui devait bientôt conduire à la constitution du livre d'Heures, tel que nous en voyons des milliers d'exemplaires, manuscrits ou imprimés, datant du xive, du xve et du commencement du xvie siècle. Entre autres Psautiers du xiiie siècle qui présentent cette particularité, je puis citer le Psautier n° 280 de la bibliothèque de l'Arsenal, qui renferme l'Office des morts avec celui du Saint-Esprit, et le Psautier ms. latin 1077 de la Bibliothèque nationale, dans lequel se trouvent les Heures de Notre-Dame et l'Office des morts.

En résumé, le Psautier jadis possédé par Ruskin est, en quelque sorte, une réplique du petit Psautier de saint Louis conservé à la Bibliothèque nationale; il est sorti du même atelier, et il était destiné à une femme. Dans ces conditions est-il téméraire de supposer qu'il a dû servir à une princesse de la famille de saint Louis!

M. S. C. Cockerell a proposé de l'attribuer à la sœur du roi, Isabelle, fondatrice et religieuse de l'abbaye de Longchamp, morte en 1269 ou 1270.

C'était peut-être un Psautier analogue aux précédents que la reine Marguerite de Provence remit au cordelier Guillaume de Rubruquis, quand celui-ci fut envoyé, en 1253, près d'un chef tartare nommé Sartach, qui passait pour s'être converti au christianisme. Le bon religieux attachait un grand prix à ce volume, comme l'attestent les termes qu'il emploie pour le désigner : *Psalterium pulcherrimum, quod dederat michi domina regina, in quo erant picture valde pulcre* [1]. Un tel livre frappa l'imagination des chefs tartares, entre les mains desquels l'envoyé de saint Louis dut le laisser : *Psalterium domine regine non fui ausus subtrahere, quia illud fuerat nimis notatum propter aureas picturas que erant in eo* [2].

Il a dû exister un assez grand nombre de Psautiers destinés aux membres de la famille de saint Louis et aux officiers de sa maison. Au cours d'une seule année, en 1242, la reine Blanche avait eu à payer le salaire d'un écrivain d'Orléans qui lui avait copié trois Psautiers : de ce chef elle déboursa 7 livres; le travail des enlumineurs ne devait pas être compris dans cette somme [3].

Je ne serais pas étonné qu'un très beau Psautier, qui a appartenu à Jeanne de Navarre, d'abord duchesse de Bretagne, puis reine d'Angleterre, morte en 1437, et que le comte de Crawford m'a très gracieusement communiqué en 1897, eût été fait pour un personnage de la famille ou de la cour de saint Louis. J'en ai donné la notice dans la *Bibliothèque de l'École des chartes,* année 1897, t. LVIII, p. 381-393. On en trouvera à l'Appendice [4] un extrait, avec l'héliogravure d'un des groupes de tableaux qui sont en tête du livre [5].

---

[1] *Relation des voyages de Guillaume de Rubruk, Bernard Lesage et Soevulf,* éd. Michel et Wright, p. 59.

[2] *Ibid.,* p. 62.

[3] « Filius Guidonis Coci, pro scribendo psalterio, 40 sol. — Filius Guidonis Coci, apud Aurelianis, pro duobus psalteriis scribendis, 100 sol. » Compte du terme de la Chandeleur 1242 (n. st.). Ms. lat. 9017 de la Bibliothèque nationale.

[4] Article XI.

[5] Planche XIII.

VI

BRÉVIAIRE DE SAINT LOUIS.

(...... !)

On n'a point jusqu'à présent signalé de bréviaires qui aient été à l'usage de saint Louis. Il en a cependant possédé, et deux historiens contemporains, Guillaume de Chartres[1] et Guillaume de Nangis[2] sont entrés dans quelques détails sur un Bréviaire à l'usage de Paris, dans lequel il récitait les heures canoniques et qu'il eut la douleur de perdre dans la déroute de Mansourah. Guillaume de Chartres, témoin oculaire, dit que le bréviaire fut rendu par les Sarrasins. Mais le bruit se répandit que le retour du livre entre les mains du roi s'était opéré par une intervention directe de la Providence. Le pape Boniface VIII recueillit ce bruit, et, dans le sermon qu'il prononça à l'occasion de la canonisation du roi, il qualifia de miracle la restitution du bréviaire[3].

Il n'est donc pas étonnant que les rédacteurs des offices de la fête de saint Louis aient accepté cette légende.

Dans l'office que nous ont conservé les Heures de Jeanne de France, reine

[1] « Quantumcunque in illo gravis ergastulo carceris actaretur, divinum tamen officium secundum morem Parisiensis ecclesiæ, matutinas scilicet et horas canonicas tam de die quam de beata Virgine, et totum officium missæ, absque sacramenti consecratione, assidue cum uno presbytero fratre Prædicatore... jugiter exsolvebat devoto corde et ore, horis competentibus, habens ibi breviarium capellæ suæ, quod ei Sarraceni, post captionem ejus, pro exenio præsentaverant, et missale. » (GUILLAUME DE CHARTRES, *Recueil des historiens,* t. XX, p. 30 cd.)

[2] « Cum videret rex christianissimus horam diei nonam declinare ad vesperam, petiit a quodam suo capellano juxta se stante breviarium, ut horæ quæ præterierat laudes Domino decantarent.» (GUILLAUME DE NANGIS, *ibid.,* p. 376 d.)

[3] « Quidam religiosus, qui eum secutus fuerat et cum eo captus, dum staret secum in una camera secreta, cœpit rex devotus multum conqueri et condolere propter hoc quod breviarium non habebat, ubi posset dicere horas suas canonicas. Respondit frater ille, eum consolando : «Non est curandum in tali articulo, sed «dicamus nihilominus *Pater noster* et alia quæ «poterimus.» Sed cum multum affligeretur super isto, invenit juxta se subito breviarium suum proprium. Divinitus, ut credimus, sibi et per miraculum est apportatum.» (*Recueil des historiens,* t. XXIII, p. 150 dc.)

de Navarre, et les Heures attribuées à Bonne de Luxembourg[1], l'hymne de vêpres contient ces deux vers :

> Cum mancipatur carceri,
> Liber amissus cernitur.

Il est fait allusion, en termes un peu différents, au même incident dans un répons des matines du Bréviaire de Jeanne d'Évreux[2], du Bréviaire de Belleville[3] et du Bréviaire du couvent de Saint-Louis de Poissi[4] :

> Coram rege conspicitur
> Liber in preda perditus.

Ni Boniface VIII ni les rédacteurs des offices n'indiquent par quel moyen s'effectua la merveilleuse restitution. Il n'y a rien de plus précis dans le récit qu'en a fait Louis Le Blanc[5], l'auteur de *La saincte vie et les haulx faiz dignes de mémoire de monseigneur sainct Loys, roy de France mis et divisez en quatre parties*[6] :

Le roy recouvra son livre qui avoit esté perdu en la bataille au partir du siège. — Quant vint vers le vespre, le roy demanda son livre pour dire ses vespres, si comme il avoit de coustume; mais il ne trouva nul qui l[e] lui peust bailler, car il estoit perdu avec les harnois et plusieurs aultres choses estans en ses coffres. Ainsi et si comme il y pensoit, dolent, triste et courroucé, le livre fut apporté devant lui, dont ceulx qui entour luy estoient s'esmerveillèrent moult; car on ne sceut dont il vint. Nostre Seigneur ne voulut pas perdre son service ordinaire du bon roy, son loyal serviteur[7].

[1] Plus loin, chapitre IX.

[2] Chapitre VIII.

[3] Chapitre XI.

[4] Appendice XII. — Manuscrit du Musée Condé; voir le Catalogue, t. I, p. 53, n° 54.

[5] Louis Le Blanc, notaire et secrétaire des rois Charles VIII et Louis XII et greffier de la Chambre des comptes jusqu'en 1525; père d'Étienne Le Blanc, auteur d'une Vie de la reine Blanche et de plusieurs autres ouvrages. (Voir *Journal des Savants*, 1900, p. 481 et s.)

[6] La Bibliothèque nationale possède deux manuscrits de cette Vie de saint Louis, le n° 5721 du fonds français, qui vient de Peiresc et dans lequel l'auteur est nommé, et le n° 13754 du même fonds, bel exemplaire qui paraît avoir été destiné à un grand personnage. Cet ouvrage est celui qu'on a parfois cité, mais à tort, comme ayant été écrit vers 1372. Le texte en a été imprimé par les soins des maîtres et gardes du corps des marchands merciers de Paris. (*La sainte Vie de Monseigneur saint Louis*, Paris, 1666; in-8°.)

[7] Fol. 35 du ms. 5721; fol. 24 v° du ms. 13754; p. 51 de l'édition.

Malgré le silence des textes, il est certain que, dans le public, la réapparition du livre perdu s'expliquait par l'intervention d'un ange. Ce qui le prouve, c'est la façon dont le souvenir en fut consacré dans plusieurs édifices religieux du XIVᵉ siècle : l'image de saint Louis prisonnier, recevant son bréviaire des mains d'un ange, se voyait sur un mur du couvent des Cordelières de Lourcines [1], sur l'autel de l'église basse de la Sainte-Chapelle [2] et sur un vitrail de la sacristie de l'abbaye de Saint-Denis [3].

Le bréviaire qu'on disait avoir été apporté par un ange à saint Louis se conserva religieusement dans la maison royale. En 1396, il appartenait à la reine Blanche de Navarre, veuve de Philippe de Valois, qui expose dans son testament par quelles mains il était passé depuis la mort de saint Louis; elle le légua à son neveu Charles III, roi de Navarre, en lui recommandant, à lui et à ses successeurs, de le faire toujours garder comme un précieux et noble joyau venu de leurs ancêtres. Voici le texte même de cette clause du testament [4] :

Item nous laissons a nostre très chier et très amé neveu le roy de Navarre le breviaire qui fu monseigneur le roy saint Loys de France, lequel l'ange lui apporta en la chartre quand il fu pris des ennemis de la foy, et fu monseigneur le roy Phelippe, son filz ainsné, qui mourust en Arragon, mary de madame la reyne Marie, nostre besaiole, et le lui donna en sa vie. Et depuis est venu de hoir en hoir de la lignée monseigneur saint Loys. Et le nous donna nostre frère le roy de Navarre, son père. Et pour reverence et la sainteté de monseigneur saint Loys, et que par grace il est venu de la ligne de nous, et depuis que nous eusmes le dit breviaire promeismes a nostre dit frère que il retourneroit en nostre ligne, nous voulons et ordonnons que a nostre dit neveu il demeure, et desormais ensuivament a ses successeurs, senz estre aucunement estrange; et les requerons que ilz le facent toujours garder comme precieux et noble jouel venu de noz ancesseurs, et qu'il ne parte point de la lignie.

Je ne saurais dire ce que le Bréviaire miraculeux devint après la mort du roi Jean le Noble. Il faut peut-être en voir la trace dans cet article d'un

[1] Un croquis de cette peinture, d'après le dossier formé par Peiresc, se trouve dans l'ouvrage de M. LONGNON, *Documents parisiens sur l'iconographie de saint Louis*, pl. I.

[2] Voir les pl. II et III du même ouvrage.

[3] MONTFAUCON, *Les Monumens de la Monarchie françoise*, t. II, pl. XXII, en regard de la page 158.

[4] Publié en 1885 dans le tome XII des *Mémoires de la Société de l'histoire de Paris*. La clause reproduite ci-contre est le paragraphe 196 du Testament.

inventaire des biens laissés par don Carlos[1], prince de Viane, mort en
1461 :

Item en hun stoig de cuyro, que es en la dita caxa, es lo breviari de sant Luis ab
cuberta de brocat et dos tancados d'or y registre[2].

Il paraît que, pendant son séjour en Sardaigne, en 1459, don Carlos avait
demandé qu'on lui envoyât le bréviaire de saint Louis[3].

Qu'est devenu depuis le xve siècle le manuscrit dont l'histoire vient d'être
esquissée! Peut-on espérer qu'il se retrouvera dans une bibliothèque espagnole!
Je dois me borner à poser la question.

Ce qui vient d'être dit du Bréviaire dont saint Louis se servait pendant la
croisade m'amène à citer un autre livre que, suivant la tradition, le saint roi
aurait laissé en Orient. André Thevet[4], qui, au cours de ses voyages le vit
dans l'île de Zante en parle en ces termes : «Au mesme lieu je vey aussi une
bible fort richement couverte et estoffée, escrite à la main sur de fin parchemin, en langue françoise, de quoy je fus estonné. Elle estoit couverte de
velours rouge, toute figurée, dorée et azurée: et me dist-on qu'elle estoit là
depuis que le roi sainct Loys passa en Levant pour la défense des chrestiens,
lequel y laissa ceste bible et autres livres saincts en nostre langue.»

[1] Sur les livres de ce prince, voir la *Bibliothèque de l'École des chartes*, 4ᵉ série, t. IV, p. 483,
et la description d'un manuscrit de la Bibliothèque nationale, que j'ai publiée en 1890, dans
la *Revue de l'art chrétien*, t. I, p. 91.

[2] *Coleccion de documentos ineditos del archivo
general de la corona de Aragon*, t. XXVI. *Apendice
al levantamiento y guerra de Cataluña en tiempo de
don Juan II. Documentos relativos al principe de
Viana publicados de real órden* por D. MANUEL
DE BOFARULL Y DE SARTORIO, t. XIII (Barce-
lona, 1864), p. 129.

[3] DESDEVISES DU DEZERT, *D. Carlos d'Aragon*, p. 277.

[4] *La Cosmographie universelle* (Paris, 1575;
in-fol.), t. II, fol. 791, coté par erreur 770.

VII

BRÉVIAIRE ATTRIBUÉ À PHILIPPE LE BEL.

(Bibliothèque nationale, ms. latin 1023.)

Il est question des Bréviaires de Philippe le Bel et d'autres livres liturgiques dans plusieurs documents de la comptabilité de ce prince. Un compte du trésor du Louvre, du terme de la Toussaint 1296[1], mentionne le payement d'une somme de 107 livres 10 sous pour la façon d'un bréviaire du roi, et le payement d'une somme de 20 livres à un certain Honoré, qui avait enluminé les livres du roi. En 1299, il fut dépensé 24 sous pour le transport d'un bréviaire du roi en deux volumes, partie d'hiver et partie d'été, et 22 sous pour l'étui en cuir dans lequel était renfermé ce bréviaire[2]. La même année, Philippe le Bel acquittait les dépenses occasionnées à la Sainte-Chapelle par la correction d'un graduel et par l'enluminure du tableau pascal[3], c'est-à-dire, si je ne me trompe, de l'écriteau qu'on fixait le samedi saint sur le cierge pascal, pour indiquer les éléments de comput et les synchronismes se rapportant au nouvel an[4].

Encore en 1299, une somme de 32 livres parisis fut allouée à frère Guillaume de Paris, dominicain, confesseur des enfants du roi, pour acheter un bréviaire et un autre volume destinés l'un et l'autre au prince Louis, le futur Louis X[5].

[1] Publié par Julien Havet, dans la *Bibliothèque de l'École des chartes*, t. XLV, p. 252 et 253, art. 203 et 215 : «Pro uno breviario facto pro rege, 107 l. 10 s. — Honoratus illuminator, pro libris regis illuminatis, 20 l.»

[2] «Pro breviariis regis de tempore hiemali et estivali portandis ad regem, cum xxxii codicibus de sancto Ludovico, 24 sol. — Pro uno reservatorio de corio ad dictum breviarium, 22 sol.» (Compte de la Toussaint 1299, ms. français 10365, p. 11.)

[3] «Pro uno gradali corrigendo, 8 s. Pro tabula paschali scribenda et illuminanda, 4 s.» (Même compte.)

[4] L'inscription mise en 1327 sur le cierge pascal de la Sainte-Chapelle est copiée au folio 212 v° du ms. latin 12814 de la Bibliothèque nationale, jadis de l'abbaye de Saint-Germain-des-Prés. — J'ai publié, dans la *Bibliothèque de l'École des chartes* (1895, t. LVI, p. 755 et 756), l'inscription du cierge pascal de l'église de Paris pour l'année 1271.

[5] «Frater Guillelmus de Parisius, ordinis Predicatorum, pro quodam breviario et uno libro de eruditione principum, emendis pro domino Ludovico primogenito regis, 32 l. p.» (*Journal du Trésor*, ms. latin 9783, au 5 novembre 1299.)

Ce religieux, auquel fut aussi confié l'achat d'un missel[1] et de deux bibles[2], nous est bien connu par un article du testament de Philippe le Bel, ainsi conçu : « Nous léguons, pour servir aux Frères Prêcheurs demeurant à Poissi, le livre intitulé *Speculum historiale*, que nous a donné frère Guillaume de Paris, notre ancien confesseur[3]. » Le roi semble avoir tenu à constituer une véritable bibliothèque dans le monastère qu'il avait fondé à Poissi en l'honneur de son aïeul, et il affecta de grosses sommes à la transcription des livres qui devaient en former le premier fonds. Les noms de plusieurs des religieux chargés de diriger le travail nous sont parvenus : frère Pierre du Monceau en 1298 et 1299[4]; frère Jean du Moustier en 1300[5]; frère Richard de Gaillefontaine en 1301[6].

La rédaction de l'office de la fête de saint Louis, y compris l'histoire, c'est-à-dire le résumé de la vie qui formait les leçons des matines, fut, de la part de Philippe le Bel, l'objet de soins tout particuliers. Il y fit travailler en 1298 sire Geofroi, chapelain de Jacques de Saint-Paul[7], maître Pierre de La Croix, d'Amiens[8],

---

[1] «Frater Guillelmus de Parisius, ordinis Predicatorum, confessor liberorum regis, pro quodam missali ad opus capelle eorum emendo. 20 l. p.» (*Journal du Trésor*, au 5 mars 1299.)

[2] «Frater Guillelmus de Parisius, ordinis Predicatorum, pro duabus bibliis ad opus dominorum Ludovici et Philippi, liberorum regis, 80 l. t.» (*Ibid.*, au 4 mars 1300.)

[3] «Librum vocatum *Speculum historiale*, quem nobis dedit frater Guillelmus de Parisius, quondam confessor noster, legamus ad usum Fratrum apud Pissiacum commorantium.» (*Le Cabinet des manuscrits de la Bibliothèque nationale*, t. I, p. 11, note 1-2.)

[4] «Frater Petrus de Moncello, ordinis Predicatorum, pro scriptura librorum ad opus monasterii novi apud Pissiacum de Sancto Ludovico, 50 l. t.» (*Journal du Trésor*, au 30 juillet 1298.) — Fratres Petrus de Moncello et Johannes de Monasterio, ordinis Predicatorum, pro scriptura librorum monasterii Pissiacensis, 50 l. t.» (*Ibid.*, au 30 avril 1299.) — «Frater Petrus de Moncello, ordinis Predicatorum, pro scriptura librorum monasterii Pissiacensis, 50 l. p.» (*Ibid.*, au 22 août 1299.) — «Frater Petrus de Moncello,

ordinis Predicatorum, pro libris faciendis ad opus monasterii Pissiacensis, 50 l. p.» (*Ibid.*, au 4 novembre 1299.)

[5] «Frater Johannes de Monasterio, ordinis Predicatorum, pro operibus librorum monasterii Pissiacensis, 50 l. p.» (*Ibid.*, au 11 janvier 1300.)

[6] «Frater Richardus de Gallenifont[ana], ordinis Predicatorum, pro operibus librorum monasterii Pissiaci, 100 l. p.» (*Ibid.*, au 19 mai 1301.) — Articles semblables au 17 juillet et au 19 octobre de la même année. — «Frater Richardus de Gallenifont [ana], ordinis Predicatorum, pro scriptura librorum monasterii Pissiaci, 30 l. p.» (*Ibid.*, au 15 décembre 1301.)

[7] «Dominus Gaufridus, capellanus domini Jacobi de Sancto Paulo, pro expensis suis compilando historiam beati Ludovici, 20 l. p.» (*Ibid.*, au 22 juin 1298.) — «Dominus Gaufridus, capellanus domini Jacobi de Sancto Paulo, pro expensis compilando ystoriam beati Ludovici, 20 l. t.» (*Ibid.*, au 19 juillet 1298.)

[8] «Magister Petrus de Cruce, de Ambianis, pro expensa facienda ad compilandam hystoriam beati Ludovici, 10 l. p.» (*Ibid.*, au 3 juillet 1298.) — Même somme payée le 15 juillet pour

et Geofroi du Plessis [1]. Alain Le Breton, sergent à cheval au Châtelet, fut chargé de défrayer d'habiles musiciens, qui avaient reçu la mission de composer les chants de l'office [2].

La rédaction de l'office à peine terminée, de nombreuses copies en furent faites sur des cahiers, dont plusieurs furent intercalés dans les livres servant à la Sainte-Chapelle [3]. Quatre de ces cahiers sont portés sur un inventaire du mobilier de Louis X [4]. Un bel exemplaire de cet office, en grand format, bien écrit, bien noté et enluminé, se trouvait en 1311 dans la bibliothèque pontificale à Pérouse [5]. Ne peut-on pas supposer que ce bel exemplaire avait été offert par Philippe le Bel à Boniface VIII !

Il m'a paru intéressant de relever ces détails pour montrer quel souci Philippe le Bel avait des livres liturgiques. On n'a cependant encore signalé ni psautier, ni bréviaire, ni livre d'heures qui ait été exécuté pour ce roi. Le volume que je vais décrire me semble bien avoir ce caractère.

Le Bréviaire parisien qui porte à la Bibliothèque nationale le n° 1023 du fonds latin a plus d'un titre à être qualifié de livre royal. C'est à lui que s'applique l'article suivant de l'inventaire du mobilier de Charles V dressé en 1380 :

Item ung autre breviaire entier, a l'usaige de Paris, très bien escript et ystorié, dont la seconde page se commance *quoniam irritaverunt;* et est couvert aux armes de France a

le même travail. — «Magister P. de Cruce, de Ambianis, pro expensis suis et sociorum suorum compilando hystoriam beati Ludovici, 30 l. p.» (*Journal du Trésor,* au 2 août 1298.)

[1] «Magister Gaufridus de Plesseyo, pro quibusdam scripturis factis super hystoriam beati Ludovici, 4 l. p.» (*Ibid.,* au 18 juillet 1298.)

[2] «Alanus Brito, serviens eques Castelleti, pro expensis quorumdam peritorum in musica ad faciendum cantum historie sancti regis Ludovici, 10 l. p.» (*Ibid.,* au 20 juin 1298.)

[3] Voir plus haut, p. 57, note 8. — «Pro pluribus historiis et legendis de sancto Ludovico, pro capella scribendis, 7 l. — Pro libris religandis, historiis et legendis de sancto Ludovico in libris capelle situandis, 48 s.» (Compte des dépenses faites par maître Pierre, maître de la chapelle du roi, dans le Compte de la Toussaint 1299 ; ms. français 10365, p. 11.) — Les textes relatifs aux livres de la Sainte-Chapelle ont été employés par M. VIDIER dans le travail qu'il a publié sous le titre de *Notes et documents sur la Sainte-Chapelle,* dans le t. XXVIII des *Mémoires de la Société de l'histoire de Paris.* — M. BORRELLI DE SERRES (*Recherches sur les services publics,* p. 541), qui a connu les articles du *Journal du Trésor,* a cru pouvoir les rattacher à un travail tout autre que la composition de textes liturgiques.

[4] «Quatre quayers, II des reliques et II de la Couronne; *Item,* IIII quayers de saint Louys.» (*Recueil des historiens,* t. XXII, p. 770 c.)

[5] «Unum librum magni voluminis pulcrum de bona littera et bene notatum et illuminatum, in quo est totum officium et ystoria beati Ludovici quondam regis Francie...» (Fr. EHRLE, *Historia bibliothecæ Romanorum pontificum,* t. I., p. 27, n° 16.)

fleurs de lys d'or trait, et sont les fermouers d'or plaz a ung carré des armes de monseigneur le Daulphin, et la pippe à deux petites esmeraudes et troys grenatz et deux grosses perles[1].

Ce volume, que le rédacteur de l'inventaire a très justement vanté comme « très bien escript et bien hystorié », devait être depuis longtemps dans la Maison de France. Pour en découvrir l'origine, il faut avant tout déterminer à quelle époque il a été écrit.

Il est facile d'établir qu'il date d'une époque antérieure à la canonisation de saint Louis (1297), ce qui est parfaitement d'accord avec le caractère de l'écriture. En effet, l'office de saint Louis est absent du Propre des Saints, où l'office de saint Bernard fait immédiatement suite à celui de saint Barthélemi. Les offices des huit derniers jours du mois d'août s'y succèdent dans l'ordre suivant :

Sancti Bartholomei (fol. 407 v°).
Bernardi abbatis (fol. 408 v°).
Genesii martyris (fol. 410).
Hyrenei et Habundi (fol. 410 v°).
Georgii et Aurelii martyrum (fol. 411).
Sancti Augustini (fol. 411).
In decollatione sancti Johannis Baptiste (fol. 414).
Felicis et Audacti martyrum (fol. 415 v°).

On voit que sur ces feuillets il n'y a pas la moindre trace du culte qui fut rendu à saint Louis, aussitôt après la canonisation. Mais une objection pourrait être faite. Dans le calendrier, qui a été copié en même temps et par la même main que le corps du volume, les fêtes des huit derniers jours du mois d'août sont mentionnées comme il suit :

24. Bartholomei apostoli. Duplum. Audoeni episcopi et confessoris memoria.
25. Ludovici, regis Francie et confessoris. Duplum. Genesii martyris.
26. Hyrenei et Habundii martyrum. III lectiones. Bernardi abbatis. Semiduplum.
27. Georgii et Aurelii. IX lectiones. Rufi martyris memoria.
28. Augustini episcopi et confessoris. Duplum. Hermetis et Juliani martyrum.

---

[1] *Inventaire du mobilier de Charles V*, éd. Jules Labarte, p. 337, art. 3284. C'est par erreur que, dans l'indication des premiers mots du second feuillet, on a mis *quam* au lieu de *quoniam*.

29. Decollatio sancti Johannis. ix lectiones. Mederici abbatis memoria. Sabine virginis memoria.

30. Felicis et Audacti martyrum. iii lectiones. Agili abbatis memoria, et sancti Fiacrii confessoris. Duplum.

Comment expliquer la discordance qui existe entre le texte du Propre des saints et les annonces du calendrier? Je crois y être arrivé en examinant à la loupe les deux lignes du calendrier se rapportant au 25 et au 26 août. A la seconde ligne, les mots *Bernardi abbatis. Semiduplum* ont été ajoutés après coup. La première ligne a été complètement modifiée : à l'origine, on devait y lire, comme dans le calendrier du petit Psautier de saint Louis : *Bernardi abbatis Clarevallensis. Semiduplum. Genesii martyris.* Un habile grattage a fait disparaître les mots *Bernardi abbatis Clarevallensis semi* auxquels on a substitué *Ludovici regis Francie et confessoris.* Les traces de cette transformation n'échapperont pas à quiconque fixera son attention sur le verso du folio 4 du manuscrit : il est aisé de distinguer entre les mots *conf.* et *duplum* les vestiges de la syllabe *mi* du mot *semiduplum*, dont la seconde partie seule a été maintenue.

A l'appui de la précédente observation, sur l'antériorité de la copie à la canonisation de l'année 1297, il convient de faire remarquer que l'office du saint roi a été transcrit, en caractères beaucoup moins soignés que ceux du corps du volume, et avec une beaucoup plus grande sobriété d'ornements, sur des feuillets complémentaires (fol. 560), à la suite de l'office du Saint-Sacrement (fol. 551), fête instituée par le pape Urbain IV en 1264.

Ce qui m'a porté à croire que le Bréviaire n° 1023 a été exécuté, sinon pour un roi, au moins par l'ordre et aux frais d'un roi, c'est que le B initial du Psautier renferme une petite image d'un roi en prières, et ce roi ne saurait être le roi David, car il est agenouillé devant une statue de la Vierge tenant l'enfant Jésus sur son bras.

Le luxe avec lequel le manuscrit a été exécuté convient bien à une œuvre royale. Le vélin en est d'une exquise finesse, l'écriture d'une irréprochable régularité, la décoration d'une grande élégance alliée à beaucoup de simplicité.

Le frontispice qui fait suite au calendrier est un tableau qui occupe toute la hauteur de la page ; il est divisé en deux compartiments : dans celui du haut le peintre a représenté, sur un fond d'or, l'onction de David par Samuel ; dans celui du bas, sur un fond de losanges d'or alternant avec des losanges d'azur à fleurs de lis d'or, nous voyons Saül assister au combat de David contre

Goliath. Les différentes parties du Bréviaire sont ornées d'une foule de miniatures, qui, pour être petites (généralement des carrés de 35 millimètres de
côté), n'en sont pas moins d'un bon travail. Les bordures des colonnes d'écriture, dont les traits se prolongent sur la marge supérieure et la marge inférieure de certaines pages, contribuent à récréer les yeux qui s'arrêtent sur les
feuillets de ce beau volume.

Le calendrier contient trois articles qui sont bien à leur place dans un livre
du petit-fils de saint Louis :

VIII idus aprilis. Obitus interfectorum in Egypto a Sarracenis.
VI kal. maii. Dedicatio capelle regis Parisius.
II idus julii. Anniversarium inclite memorie regis Philippi.

Ne peut-on pas se demander si nous n'avons pas là le bréviaire pour la
façon duquel Philippe le Bel paya 107 livres 10 sous en 1296, et si les peintures n'en sont pas dues à cet Honoré qui travaillait alors à l'enluminure des
livres du roi[1] !

J'indiquerai en peu de mots le contenu du bréviaire, qui se compose de
577 feuillets ($0^m210 \times 0^m133$), écrits sur deux colonnes. Il y faut distinguer
huit parties :

Fol.   1. Le Calendrier.
Fol.   8. Le Psautier.
Fol. 70. Le Propre du temps.
Fol. 265. Le Propre des saints.
Fol. 503. Le Commun.
Fol. 524. Un premier supplément écrit de la même main que le corps du volume. Il
commence par les leçons de la fête de saint Sulpice; on y remarque
(fol. 534 v°) un long office en l'honneur des reliques de la Sainte-Chapelle : «in sollempnitate sanctarum reliquiarum». — A la fin de ce
supplément[2] a été ajoutée une prière qui devait se réciter dans un couvent de femmes, ce qui peut s'expliquer en admettant que le livre a été
déposé pendant un certain temps dans un couvent, tel que ceux des
Cisterciennes de Maubuisson ou des Dominicaines de Poissi, dans lesquels la famille royale allait souvent faire ses dévotions.

[1] Voir plus haut, p. 57.
[2] Fol. 549. «Summe sacerdos et vere pon-
tifex... Pro nobis miseris peccatricibus... Qua
nos miseras et indignas sic amare dignatus es ut
lavares nos a peccatis nostris...» — En marge
sont marquées les variantes qui convenaient à la

Fol. 551. Second supplément, ajouté après coup en caractères beaucoup moins
soignés que ceux du reste du volume. Il contient les offices du Saint-
Sacrement, de sainte Anne (fol. 559) et de saint Louis (fol. 560).

Fol. 564. A la suite viennent des rubriques relatives à l'ordre des offices pendant
l'Avent, puis (fol. 573 v°) des commémorations propres à l'église de
Paris[1], et enfin (fol. 575) l'office de la Conception de Notre-Dame.

Un tel bréviaire mériterait d'être étudié en grand détail par qui voudrait
connaître l'état de la liturgie parisienne à la fin du XIIIᵉ siècle.

Un mot suffira pour rappeler, en passant, des livres qui furent à l'usage
des fille et belles-filles de Philippe le Bel.

On conserve, dans la Bibliothèque royale de Munich, un Psautier latin-
français, richement enluminé, qui dut être exécuté en Angleterre pour la
femme d'Édouard II, roi d'Angleterre[2].

Un bréviaire, acquis en 1307 pour Marguerite de Bourgogne, femme de
Louis Hutin, coûta 60 livres parisis de forte monnaie[3]. Le prix indique assez
bien qu'il s'agit ici d'un livre de luxe.

En 1317, un moine de Saint-Denis copia et enlumina un livre d'heures
destiné à la reine Jeanne de Bourgogne, femme de Philippe le Long. Ce
livre, qui est passé au Musée de l'Ermitage à Saint-Pétersbourg[4], forme un
volume de 157 feuillets ornés de 10 miniatures; il renferme une note ainsi
conçue : «Ces heures furent escriptes et d'images aournées pour très grant
et très douce dame madame Jehanne, comtesse de Bourgoigne, fame du roi
Philippe, nostre sire, par frère Gilles Mauleon, moyne de Saint-Denys, l'an
Nostre Seigneur Jesus Crist MCCCXVII. »

récitation de la prière par une femme seule :
«Pro me misera peccatrice... Qua me miseram
et indignam... Me a peccatis meis...»

[1] «Memorie per totùm annum in ecclesia
Parisiensi.»

[2] S. BERGER, *La Bible française*, p. 14 et
432. La date de 1323, qui a été proposée pour
ce manuscrit, ne saurait être acceptée. On avait
été amené à la proposer parce que la fête de
Pâques est marquée au 27 mars dans le calendrier.

[3] «Domina Margareta, regina Navarre, pro
emendo quodam breviario ad opus suum, 60 l. p.
fortium.» (*Journal du Trésor,* au 30 novembre
1307, dans le Recueil de Menant, à la bibliothèque de Rouen, fonds Leber, n° 5870, t. III.)

[4] Voir le livret du Musée de l'Ermitage
(Saint-Pétersbourg, 1860; in-12), p. 44.

VIII

BRÉVIAIRE DE JEANNE D'ÉVREUX
FEMME DE CHARLES LE BEL.

(Musée Condé à Chantilly.)

On connaît les goûts de la reine Jeanne d'Évreux pour les beaux livres. C'est elle qui donna au roi Charles V le Psautier de saint Louis, que j'ai décrit dans un des chapitres précédents. Elle s'était fait copier et enluminer un charmant bréviaire franciscain, dont la seconde partie, après avoir appartenu à M. Blancard, correspondant de l'Institut à Marseille, est aujourd'hui conservée au Musée Condé à Chantilly.

Ce petit volume, écrit sur du vélin très mince, se compose de 462 feuillets, hauts de 142 millimètres et larges de 100. Il contient le calendrier (fol. 1), le psautier (fol. 7), le propre du temps à partir du dimanche de Pâques (fol. 100), le propre des saints à partir de l'Annonciation (fol. 215) et le commun (fol. 429).

L'écriture du volume est de la plus parfaite régularité; le copiste a judicieusement employé deux types de grosseur différente: l'un, le plus gros, pour les psaumes, les hymnes, les oraisons, les capitules et les leçons; l'autre, le plus petit, pour les versets, les répons, les antiennes et les diverses indications liturgiques. Dans la plupart des initiales ordinaires sont alternativement répétées les armes de France, à fleurs de lis sans nombre, celles de Navarre et celles d'Évreux. Il y a environ 1330 lettres ainsi historiées. De grandes initiales, au nombre de 50, sont ornées de figures plus ou moins grotesques. De la plupart des initiales partent des rinceaux qui courent tout le long des marges latérales et dans la place réservée au milieu des pages, entre les deux colonnes d'écriture; ces rinceaux sont tous exécutés avec un goût exquis et une irréprochable sobriété. Mais le plus bel ornement du manuscrit consiste en 114 petits tableaux, qui ont généralement 34 millimètres de haut sur 23 de large. La plupart de ces tableaux sont peints en grisaille, sur des fonds d'or et de couleurs. Beaucoup se font remarquer par l'expression des figures, la grâce des attitudes et la disposition des groupes. Plusieurs pages peuvent être comptées parmi les chefs-d'œuvre de la peinture française du milieu du XIVe siècle.

Après la mort de Jeanne d'Évreux, le Bréviaire arriva entre les mains de Charles V. L'inventaire du mobilier de ce prince, dressé en 1380, le décrit en ces termes :

Item un autre plus petit breviaire[1], en deux volumes et deux estuiz brodez, enluminez d'or et ystoriez de blanc et de noir, très bien escrips. Et se commence le second fueillet du premier volume *qui habitat*, et du second *sum rex*. Et sont les fueillez ystoriez. Et sont couvers de perles lozangées, de perles blanches et yndes. Et sont les fermouers du premier volume d'or à deux ymages, et du second d'or armoyées de France, l'un et l'autre d'Evreux. Et a ou premier volume une pippe d'or, ou a ung saphir et ung ballay aux deux boutz, et une perle ou mylieu. Et sont en deux estuiz de broderie[2].

Une étude plus développée a été consacrée à ce bréviaire dans les *Notices et extraits des manuscrits*[3].

Je dois renvoyer aussi à la notice dont il a été l'objet dans le Catalogue des manuscrits du Musée Condé[4], et à laquelle est jointe l'héliogravure de deux pages ; commencement de l'office des fêtes de saint Louis et de la translation de la sainte couronne[5].

---

[1] Plus petit que le Bréviaire de Belleville, dont la description sera donnée plus loin, p. 81.

[2] *Inventaire du mobilier de Charles V*, éd. J. Labarte, p. 338, n° 3295.

[3] T. XXXI, p. 16 et suiv.

[4] T. I, p. 48, n° 51.

[5] Cette héliogravure forme la dernière des planches du présent fascicule.

IX

HEURES ATTRIBUÉES À LA REINE BONNE DE LUXEMBOURG.

(Cabinet de la baronne Adolphe de Rothschild.)

Le volume dont j'aborde l'examen fait partie du cabinet de Madame la baronne Adolphe de Rothschild, qui a bien voulu me le laisser examiner. C'est un des plus petits livres d'Heures du XIVe siècle qui nous soient parvenus. Les 209 feuillets de très fin parchemin dont il se compose ne mesurent que 9 centimètres de hauteur sur 6 de largeur. Ces feuillets se répartissent en 27 cahiers [1], dont l'un est incomplet du premier feuillet [2], et dont un autre est transposé [3] : les feuillets cotés 150-157 auraient dû être reliés avant celui qui est numéroté 142.

Ce petit volume renferme :

1° (fol. 1 v°-13). Un calendrier, rédigé en français, dont les premiers feuillets ont été assez gravement endommagés. Chaque mois occupe deux pages, le verso d'un feuillet et le recto du feuillet suivant. Au bas des versos, sont figurés les signes du zodiaque; au bas des rectos, sont représentées des scènes caractérisant les occupations du mois [4].

Les folios 13 v°-15 sont restés blancs.

2° (fol. 13 v°-101). Les Heures de Notre-Dame, intitulées : «Incipiunt Hore beate Marie virginis secundum usum Predicatorum.» — Le texte des matines commence

[1] Voici les cotes des premiers feuillets de chaque cahier : 1, 9, 15, 23, 31, 39, 47, 55, 63, 71, 79, 87, 95, 102, 110, 118, 126, 134, 150, 142, 158, 166, 174, 182, 190, 198, 206.

[2] Ce feuillet devait être placé entre les feuillets actuellement cotés 94 et 95, au commencement des complies.

[3] Le verso du folio 157 se termine par la première syllabe d'un mot (*splen*) dont le reste (*dorem*) se trouve au haut du folio 142, et le feuillet 141, qui porte au bas du verso la réclame *ad primam*, doit précéder immédiatement le feuillet 150 sur lequel est le début de l'office de prime.

[4] *Janvier*, un repas. — *Février*, personnage se chauffant. — *Mars*, paysan tenant une faucille et parlant à un mendiant appuyé sur une béquille. — *Avril*, dame au milieu d'arbustes. — *Mai*, dame allant chasser au faucon. — *Juin*, deux faneurs, l'un fauchant, l'autre râtelant. — *Juillet*, moissonneur coupant le blé à la faucille. — *Août*, un batteur de blé. — *Septembre*, la vendange. — *Octobre*, l'ensemencement. — *Novembre*, la glandée. — *Décembre*, l'abatage du porc.

sur le folio 16; laudes, au folio 35; prime, au folio 54; tierce, au folio 62; sexte, au folio 69; none, au folio 76; vêpres, au folio 83; les complies commençaient sur le feuillet qui a disparu après le feuillet actuellement coté 94.

Le verso du folio 101 (dernier du cahier 95-101) et le recto du folio 102 (début du cahier 102-109) n'ont point reçu d'écriture.

Le calendrier et les Heures de Notre-Dame remplissent les treize premiers cahiers du volume.

3° (fol. 102 v°-180). Les Heures de saint Louis : «Incipiunt Hore beati Ludovici secundum usum Predicatorum.» — Matines, au folio 103; laudes, au folio 123; prime, au folio 150; tierce, au folio 157; sexte, au folio 147; none, au folio 160; vêpres, au folio 166; complies, au folio 174.

Le recto et le verso du folio 181 sont restés en blanc. La partie du volume consacrée à l'office de saint Louis occupe en entier dix cahiers.

4° (fol. 183-209). Les psaumes de la Pénitence, suivis des Litanies. Rubrique initiale : «Incipiunt Septem psalmi penitentiales.» — Cette partie remplit les trois derniers cahiers du volume.

La copie de ces quatre morceaux a été exécutée en très élégants caractères du milieu du XIVe siècle. Elle a dû être attentivement revisée, comme l'atteste le mot *correctus*, qui se lit, sous une forme plus ou moins abrégée, au bas de la dernière page de presque tous les cahiers.

L'examen du texte ne peut donner lieu qu'à fort peu d'observations.

Je n'ai rien à dire ni du calendrier, ni de l'office de Notre-Dame. L'office de saint Louis est celui dont une copie sera signalée un peu plus loin dans les Heures de Jeanne, reine de Navarre, et dont une édition a été donnée par M. Longnon, d'après la copie de Peiresc. Les litanies des saints (fol. 215 v°) n'offrent point de particularité remarquable. La liste des invocations qu'elles contiennent est assez courte pour être rapportée ici :

Stephane, Laurenti, Vincenti, Dyonisi, Eustachi, Maurici, Silvester, Martine, Ludovice, Benedicte, Nicholae, Juliane, Germane, Maria Magdalena, Maria Egyptiaca, Katherina, Margareta, Genovefa, Lucia, Anna, Petronilla, Benedicta, Agatha, Scolastica, Aurea, Juliana, Geltrudis, Radegundis, Castitas, Agnes, Fides, Spes, Caritas.

La décoration du volume lui donne beaucoup de valeur. Il suffit d'y jeter les yeux pour y reconnaître un livre de grand luxe, qui devait être destiné à une personne du plus haut rang. Sans parler de la riche enluminure d'innombrables initiales, il faut dire quelques mots : 1° des tableaux, au nombre de vingt-cinq[1], qui occupent chacun à peu près toute la justification d'une page; 2° des peintures en forme de frises ou de bandeaux au bas des pages; 3° des ornements remplissant les extrémités de lignes qui n'ont point reçu d'écriture.

Le commencement de chacune des parties de l'office de Notre-Dame est orné de deux tableaux, qui se font vis-à-vis, le verso représentant une scène de la Passion, et le recto d'en face une scène de la vie de la Vierge. Voici les sujets de cette double série :

Matines. La trahison de Judas, 15 v°.	L'annonciation, 16.
Laudes. Jésus devant Pilate, 34 v°.	La visitation, 35.
Prime. La flagellation, 53 v°.	La nativité de Jésus, 54.
Tierce. Jésus portant sa croix, 61 v°.	L'annonce de la nativité aux bergers, 62.
Sexte. Le calvaire, 68 v°.	L'adoration des Mages, 69.
None. La descente de croix, 75 v°.	La présentation de Jésus au temple, 76.
Vêpres. L'ensevelissement de Jésus, 82 v°.	La fuite en Égypte, 83.
Complies. La résurrection, 94 v°.	Le feuillet, qui devait contenir le tableau du couronnement de la Vierge, a disparu.

La vie de saint Louis a fourni le sujet de neuf tableaux pour illustrer l'office du saint roi :

I. Fol. 102 v°. Intérieur d'une église dans laquelle se dresse une statue de saint Louis. — Sur le côté, à gauche, une princesse couronnée se tient debout.

II. Fol. 103. (Matines.) Éducation de saint Louis. Le jeune roi à genoux, aux pieds d'un religieux, qui tient une verge de la main droite, et un livre de la gauche.

III. Fol. 123 v°. (Laudes.) Saint Louis faisant manger un religieux.

IV. Fol. 150 v°. (Prime.) Saint Louis à genoux servant un malade dans une infirmerie.

V. Fol. 156 v°. (Tierce.) Saint Louis lavant les pieds des pauvres.

VI. Fol. 146 v°. (Sexte.) Saint Louis, en prison, recevant des mains d'un ange son bréviaire qui avait été perdu.

---

[1] Il y en avait vingt-six avant la disparition du feuillet sur lequel était le commencement des complies de l'office de Notre-Dame.

VII. Fol. 159 v°. (None.) Saint Louis en Terre sainte recueillant pieusement les ossements des croisés.

VIII. Fol. 165 v°. (Vêpres.) La mort de saint Louis.

IX. Fol. 173 v°. (Complies.) Procession solennelle faite à Saint-Denis, le 25 août 1298, à la suite de l'élévation du corps de saint Louis.

Ces neuf miniatures forment à coup sûr la partie la plus intéressante du petit volume que je décris. Ce n'est pas ici le lieu de les comparer avec celles que nous offrent d'autres manuscrits, tels que le bel exemplaire de la Vie de saint Louis par Guillaume de Saint-Pathus, ms. français 5116 de la Bibliothèque nationale; mais je crois bon de signaler le rapport qui existe entre cette suite de miniatures et plusieurs monuments iconographiques exécutés au XIVᵉ siècle dans des édifices où la mémoire de saint Louis était particulièrement honorée :

1° A l'abbaye de Saint-Denis, trois vitraux représentant saint Louis faisant manger un religieux lépreux; saint Louis recouvrant son bréviaire; saint Louis recueillant les ossements des croisés[1];

2° Au couvent des Cordelières de l'Ourcines, à Paris, dans une suite de quatorze tableaux peints probablement sur les murs du cloître : saint Louis faisant manger le lépreux; saint Louis dans une infirmerie; saint Louis lavant les pieds des pauvres; saint Louis recouvrant son bréviaire;

3° Sur l'autel de l'église basse de la Sainte-Chapelle : saint Louis faisant manger le lépreux; saint Louis lavant les pieds des pauvres; saint Louis recouvrant son bréviaire[2].

La partie qui fait suite à l'office de saint Louis ne renferme qu'une miniature : le tableau qui sert de frontispice aux psaumes de la pénitence (fol. 182 v°). Ce tableau représente Notre-Seigneur sur son trône, bénissant et tenant une croix à la main gauche; aux angles du tableau se voient les symboles des évangélistes.

[1] Ces vitraux ont été gravés dans l'ouvrage de MONTFAUCON, *Les Monumens de la Monarchie françoise*, t. II, en regard de la page 158. Deux ont été reproduits, d'après les planches de Montfaucon, dans l'édition illustrée du *Saint Louis* de M. WALLON, p. 537.

[2] Ce que nous savons des peintures de la Sainte-Chapelle et du couvent des Cordelières de Lourcines se réduit à des notes de Peiresc et aux dessins qui accompagnent les notes. Cet intéressant dossier, conservé à la bibliothèque de Carpentras, a été publié par M. LONGNON dans un petit volume de la Société de l'histoire de Paris, qui est intitulé : *Documents parisiens sur l'iconographie de saint Louis*. Paris, 1882. In-8°.

Les tableaux qui viennent d'être énumérés ont été exécutés en grisailles. Ils ne sont peut-être pas tous de la même main. Plusieurs peuvent être cités parmi les meilleurs morceaux de la peinture française du XIVᵉ siècle. Je regrette vivement de n'avoir pas obtenu l'autorisation d'en faire photographier quelques-uns. J'aurais voulu mettre sous les yeux du lecteur la reproduction de la Trahison de Judas (fol. 15 vᵒ) et celle du Calvaire (fol. 68 vᵒ), tableaux dans lesquels le peintre a très habilement groupé de nombreux personnages. Ce sont là des compositions tout à fait originales, auxquelles on ne saurait accorder trop d'éloges.

La marge inférieure de beaucoup des pages couvertes par les tableaux qui viennent d'être indiqués est ornée de petites peintures en forme de bandeaux ou de frises, genre de décoration qui est ainsi défini dans un article de l'inventaire du mobilier de Charles V : « feuillez par dehors (c'est-à-dire en dehors du cadre de la justification) ystoriez a ymages[1] ». Les sujets de ces peintures sont très variés : les uns se rapportent aux mêmes scènes que les tableaux sous lesquels les peintures sont placées : ainsi, sur le folio 62, au-dessous de l'annonce de la Nativité aux bergers, nous voyons un groupe de bergers gardant leurs troupeaux; sur le folio 69, au-dessous de l'Adoration des mages, le massacre des Innocents. Mais le plus souvent les sujets traités au bas des pages sont dépourvus de tout caractère religieux. Le peintre y a souvent tracé des figures grotesques et des jeux de divers genres; au bas du folio 54, un chien dressé sur les pattes de derrière; au bas du folio 76, un bateleur faisant danser un singe au son du tambourin.

Les bouts de lignes, c'est-à-dire les espaces laissés vides à la fin des versets, ont été recouverts par des ornements de toute espèce, tels qu'a pu les concevoir l'imagination la plus fantasque et auxquels le peintre a su donner de grands développements, en les faisant déborder sur les marges : c'est un interminable défilé de grotesques, de caricatures, d'animaux monstrueux, d'hommes et de femmes dans les attitudes les plus variées, en costumes civils, religieux ou militaires : un batteur de blé, un vanneur, un râteleur de foin, un porteur d'eau, une fileuse tenant sa quenouille; sur le folio 156 vᵒ, un chien d'aveugle tient une sébile à sa gueule; sur le folio 37, un prélat, crossé et coiffé d'une mitre en forme de soufflet, donne la bénédiction; sur

[1] Article 3294 de l'édition de Jules Labarte, p. 338, à propos du Bréviaire de Belleville. Voir plus loin, p. 81 et 86.

le folio 80, un évêque mitré frappe un tambour. Tous ces minuscules hors-d'œuvre sont traités avec beaucoup d'esprit et de goût; ils dénotent une étonnante sûreté de main; ils devaient procurer d'amusantes distractions à la personne qui suivait les offices dans ce charmant petit livre. Quelle était cette personne! C'est ce qu'il importe de rechercher.

Le luxe avec lequel le livre a été exécuté et surtout la place qu'y tient l'office de saint Louis autorisent à supposer qu'il était destiné à un membre de la famille royale. Il est d'ailleurs certain qu'il devait être à l'usage d'une princesse, et très probablement d'une reine : autrement, comment expliquer la présence de la dame couronnée auprès de la statue de saint Louis, sur le folio 102 v°! C'est encore la même dame couronnée que nous voyons représentée en prières, un livre à la main, au commencement du texte des offices, dans l'initiale des matines de Notre-Dame (fol. 16).

Je suis d'autant plus porté à attribuer à ce petit livre une origine royale que je lui trouve de frappantes analogies avec les Heures de la reine de Navarre, Jeanne, fille de Louis Hutin, décrites dans le chapitre suivant. Les deux manuscrits renferment le même office de saint Louis. Dans tous les deux il y a, sur les marges inférieures des pages, ces petites peintures à sujets si étranges et si variés, dont il était question il y a quelques instants. Que ne puis-je mettre la photographie du feuillet 16 du manuscrit de Madame la baronne de Rothschild à côté de la photographie du feuillet correspondant de l'autre manuscrit! On verrait dans quel étroit rapport se trouvent les deux pages.

L'Annonciation y est représentée d'après des données identiques, qui s'éloignent du type habituellement suivi par les artistes du moyen âge. La sainte Vierge est debout à l'intérieur d'un édifice gothique surmonté d'un comble dont les baies laissent voir de petits anges; le messager céleste, à moitié agenouillé, se tient à gauche dans une sorte de vestibule qui s'ouvre sur la pièce principale de l'édifice. Ce n'est pas tout. Dans les deux manuscrits, sur le bandeau qui orne la marge inférieure de la même page, le peintre s'est amusé à figurer les joyeux ébats de plusieurs dames.

L'origine royale du petit manuscrit dont il s'agit me paraît donc bien établie. Il y a donc lieu de compulser les inventaires des livres de la famille royale pour vérifier s'il n'y serait pas mentionné. Les traits les plus caractéristiques du signalement du petit livre sont au nombre de trois : il est de petit format, il renferme des heures disposées suivant l'usage des Frères Prêcheurs. Les peintures en sont en grisailles, ou, pour employer la langue du temps, enluminées de blanc et de noir. Or si nous ouvrons l'inventaire du mobilier du duc de Berri[1] conservé à la bibliothèque Sainte-Geneviève, nous y lisons un article ainsi conçu :

Item unes petites Heures de Nostre Dame, nommées les Heures de Pucelle, enluminées de blanc et de noir, à l'usaige des Prescheurs, garnies de petis fermouers d'or ou il a une Annunciation; et au bout des tirans a deux petis boutons de perles; couvertes d'un drap de soye bleue.

Nous retrouvons là les trois traits caractéristiques du manuscrit que nous étudions :

Petitesse du format;
Identité du titre (*Hore beate Marie virginis secundum usum Predicatorum*, sur le titre du manuscrit; — *Heures de Nostre Dame . . . à l'usage des Prescheurs,* dans l'inventaire);
Décoration en grisaille : — . . . *enluminées de blanc et de noir.*

Jusqu'à preuve du contraire, on peut admettre que le manuscrit de Madame la baronne Adolphe de Rothschild est bien celui qui était gardé dans la librairie du duc de Berri sous la dénomination de *Heures de Pucelle.* Serait-il téméraire de proposer une autre conjecture! Le petit livre qui s'appelait les *Heures de Pucelle* chez le duc de Berri n'aurait-il pas été fait pour la mère de ce prince! La princesse qui est représentée dans la première initiale des Heures de Notre-Dame et sur le frontispice des Heures de saint Louis ne serait-elle pas la reine de France Bonne de Luxembourg!

Quoi qu'il en soit de cette conjecture, il y a lieu de chercher ce que signifie la dénomination *Heures de Pucelle* consignée dans l'Inventaire du duc de Berri. A mon sens, il y faut voir le nom d'un artiste qui a travaillé à l'illustration des Heures dont il s'agit. Jean Pucelle nous est connu comme ayant dirigé, à Paris selon toute apparence, un atelier d'où sont sortis plusieurs très beaux manuscrits du XIVe siècle.

Telle est une magnifique bible latine, de 705 feuillets, en très fin par-

[1] *Inventaires de Jean, duc de Berry,* éd. Guiffrey, t. I, p. 223, art. 850.

chemin, écrite en 1327 avec une rare perfection, et qui, après avoir appartenu au roi Louis XI, est aujourd'hui conservée à la Bibliothèque nationale [1]. Le scribe a fait connaître son nom par une souscription mise à la fin de l'Apocalypse :

> Explicit textus Biblie. Robertus
> de Billyng me fecit.

Entre ces deux lignes et au-dessous de la seconde a été tracée en vermillon une autre souscription, dont les caractères microscopiques sont si ténus qu'au premier abord on croirait y voir de simples fioritures de calligraphie. Les trois lignes de cette autre souscription doivent se lire ainsi :

> Jehan Pucelle, Anciau de Cens, Jaquet Maci : il hont enluminé ce ‖ livre ci. Ceste lingne de vermeillon que vous veés fu escrite en l'an de grace M ‖. CCC. et XXVII, en un jucudi, darrenier jour d'avril, veille de mai, v° die [2].

Ce n'est pas le seul témoignage qui nous soit parvenu au sujet des enlumineurs Jean Pucelle, Anciau de Cens et Jaques Maci. Leurs noms sont inscrits dans le Bréviaire de Belleville, splendide manuscrit exécuté antérieurement à l'année 1343, qui sera l'objet du chapitre XI.

On sait que, suivant un usage assez fréquent au XIV° et au XV° siècle, les libraires qui faisaient exécuter des manuscrits inscrivaient ou faisaient inscrire sur les cahiers, au fur et à mesure que la livraison leur en était faite, des notes d'après lesquelles était établi le compte des sommes dues aux copistes et aux enlumineurs. Ces notes, tracées au commencement ou à la fin du cahier, à l'extrémité de la marge inférieure, devaient disparaître sous le couteau du relieur, au moment où les cahiers étaient assemblés en volumes.

D'heureux hasards nous ont conservé quelques-unes de ces notes, auxquelles on ne saurait accorder trop d'attention. C'est ce qui est arrivé pour

[1] Ms. latin 11935, venu de l'abbaye de Saint-Germain-des-Prés. Sur la dernière page de la Bible, on lit cette note : « Le roy de France Loys très crestien XIme de ce nom, a present regnant, donna ceste Bible a Jehan Boucart, evesque d'Avrenches, son confesseur. A Saint Florent près Saulmur, le XIIIIme jour de juing, en l'an M. CCCC. LXXII. »

[2] Cette page est reproduite en phototypie sur la planche XIV.

le premier volume du Bréviaire de Belleville, où j'ai relevé, tout près du bord inférieur de différents feuillets, les notes suivantes :

Fol. 33. Mahiet. — J. Pucelle a baillié xx et iii s. vi d.[1].
Fol. 62. Ancelet, pro i p[ecia][2].
Fol. 268 et 300. J. Chevrier, pro i p[ecia].
Fol. 260, 332 et 340. *Traces de notes effacées.*

Dans les trois premiers de ces noms, on ne saurait hésiter à reconnaître les trois enlumineurs de la Bible de 1327 : Jehan Pucelle, Anciau de Cens et Jaquet Maci. Le fait que Jean Pucelle avait payé le salaire d'un de ses camarades me fait supposer qu'il dirigeait l'atelier d'où est sorti le Bréviaire de Belleville. La réputation que cet artiste avait acquise avait dû lui survivre, et il est tout naturel qu'au commencement du xve siècle, dans la maison du duc de Berri, on ait appelé *Heures de Pucelle* un livre d'Heures que la tradition attribuait à l'enlumineur Jean Pucelle.

Je n'ai pu étudier et je passe ici sous silence un Bréviaire romain dont la possession a été attribuée à la reine Bonne de Luxembourg; il a figuré sous le n° 27, au mois de mai 1897, à la vente de la première partie de la bibliothèque du baron Pichon. Le rédacteur du Catalogue[3] y a reconnu les armes de la reine (parti au 1 de France et au 2 coupé de Bohême et de Luxembourg) ajoutées en plus de vingt endroits au bas des pages. Il a supposé que le livre avait été fait pour Catherine de Valois (sans doute Catherine, sœur de Philippe de Valois et femme de Philippe de Sicile, empereur de Constantinople, morte en 1346).

[1] La page au bas de laquelle se lit cette note est reproduite sur la planche XV.

[2] Le travail des copistes, et sans doute aussi celui des enlumineurs, se payait à la *pièce*, laquelle, suivant les usages de l'Université de Bologne, se composait de 16 colonnes de texte à 62 lignes par colonne et à 32 lettres par ligne. Du Cange, au mot *Pecia*.

[3] P. 8. — Une reproduction de deux peintures du manuscrit est insérée dans le Catalogue.

X

HEURES DE JEANNE DE FRANCE, REINE DE NAVARRE.

(Cabinet de M. Henry Yates Thompson.)

Le livre d'Heures de Jeanne de France, fille de Louis Hutin, femme de Philippe d'Évreux et roi de Navarre, a été exécuté entre l'année 1328, date du couronnement de cette princesse, comme reine de Navarre, et l'année 1349, date de sa mort.

Ce beau manuscrit avait été communiqué en 1621 par les Cordelières du couvent de l'Ourcines à Peiresc, qui en prit une description très exacte et en fit graver plusieurs miniatures. Après des vicissitudes, qui sont encore ignorées, il s'est retrouvé, il y a une cinquantaine d'années, dans les collections du comte d'Ashburnham, qui, après l'avoir acheté en 1847 d'un libraire anglais, lui assigna le n° LV dans l'*Appendix* de sa bibliothèque [1]. Depuis 1897 il est la propriété de M. Henry Yates Thompson, dans le Cabinet duquel il porte le n° 75. Il est aujourd'hui bien connu, grâce aux notes de Peiresc que M. Longnon a publiées et savamment commentées [2], grâce à une minutieuse et exacte notice de M. S. C. Cockerell [3], grâce surtout aux deux magnifiques fascicules que l'heureux et digne possesseur du manuscrit a offerts à ses confrères du Roxburghe Club [4] et dans lesquels il a rendu un éclatant hommage à la mémoire de Peiresc.

Je puis donc me borner à parler brièvement de ce manuscrit.

C'est un volume de 271 feuillets, mesurant environ 180 millimètres sur

---

[1] Voir le feuillet H. 3 du Catalogue publié par le comte d'Ashburnham. — Une page du manuscrit a été reproduite dans le recueil de la Société paléographique de Londres.

[2] *Documents parisiens sur l'iconographie de saint Louis*, publiés par Aug. LONGNON. Paris, 1882. In-8°. (Société de l'histoire de Paris.)

[3] *A descriptive catalogue of the second series of fifty manuscripts* (n°s 51 to 100) *in the col-lection of Henry Yates Thompson*. Cambridge, 1902. In-8°.

[4] *Thirty-two miniatures from the book of Hours of Joan II queen of Navarre : a manuscript of the fourteenth century. First part. Description.* Presented to the members of the Roxburghe Club by H. Yates Thompson. London, 1899. Grand in-4° (18 p. et 7 planches). — *Second part. Illustrations.* Grand in-4° (32 héliogravures).

130. Il renferme les textes que nous sommes habitués à rencontrer dans les livres d'heures bien complets de la seconde moitié du XIVe et surtout du XVe siècle :

Un calendrier franciscain (fol. 4).
Les Heures de la Trinité (fol. 11).
Les Heures de Notre-Dame (fol. 39 et 220).
Les sept psaumes de la pénitence (fol. 73).
Les Heures de saint Louis (fol. 85 v°).
Les petites Heures de la Croix, ou petites Heures du pardon (fol. 109).
La vie de sainte Marguerite (fol. 133).
Des suffrages ou commémorations diverses (fol. 145 v° et 183).
Les vigiles des morts (fol. 158).
Le psautier de saint Jérôme (fol. 247).
De nombreuses prières et petites pièces de dévotion, en latin et en français, en prose et en vers.

Les armes de France, d'Évreux et de Navarre qui se voient sur beaucoup de pages justifient l'attribution du livre à Jeanne de France, reine de Navarre, que l'enlumineur y a représentée au moins une douzaine de fois[1]. La princesse est expressément nommée dans la «très especial oroison de Nostre Dame», qui est copiée sur le folio 151 v° : «Deprecor te, o domina sanctissima Maria,... ut intercedas pro me, ancilla tua, JOHANNA, NAVARRE REGINA.»

La partie la plus curieuse et la plus originale de la décoration de ce charmant volume se trouve sur les feuillets du calendrier. Le peintre a voulu y symboliser l'accord de l'Ancien et du Nouveau Testament, la ruine de la Synagogue et les progrès de l'Église naissante. Au bas de chaque page, un prophète remet une «clause» de l'Ancien Testament à un apôtre qui la transforme en un article de foi. La partie supérieure de la page est occupée à droite par le grand monogramme (KL) du mot *kalendis*, et au centre par un tableau qui indique l'état de la campagne et la place du soleil dans l'hémisphère[2].

[1] Fol. 50, 118 v°, 123 v°, 125 v°, 129 v°, 136, 137 v°, 147, 150 v°, 151 v°, 183, 186 et 191.

[2] I. Arbres dénudés sous un ciel ensoleillé. — II. La pluie. — III. Arbres bourgeonnés. — IV. Fleurs et arbres feuillés. — V. Terrain verdoyant couvert de grandes fleurs. — VI. Arbres dans lesquels Peiresc a cru reconnaître des

A gauche de ce tableau, se voit une des douze portes du paradis; au-dessus de la porte, la sainte Vierge, debout, tient le panonceau de l'Église; dans la porte, un signe du zodiaque; au pied de l'édifice, la prédication de saint Paul. Il sera question de ce symbolisme, un peu plus loin [1], à propos du Bréviaire de Belleville et du «Très beau Bréviaire» de Charles V.

Toutes les peintures du reste du volume, y compris les petites scènes figurées sur la marge inférieure de beaucoup de feuillets, sont décrites dans la notice de M. Cockerell. On y compte 68 grands tableaux sur champ quadrilobé à bordure tricolore, inscrit dans un rectangle dont les côtés mesurent 7 centimètres de large sur 8 de haut. Parmi ces tableaux il faut citer les suivants, dont il y a des reproductions dans les publications de M. Thompson et de M. Longnon.

Fol. 85 v°. L'éducation de saint Louis, à laquelle préside la reine Blanche : un maître, tenant des verges dans sa main droite, apprend au jeune prince à lire. (Thompson, pl. XX; Longnon, pl. XIII.)

Fol. 91 v°. Saint Louis assistant à la messe. (Thompson, pl. XXI; Longnon, pl. XIV.)

Fol. 97. Saint Louis conduit à Reims pour le sacre. (Thompson, pl. XXII; Longnon, pl. VII.)

Fol. 99. Sacre de saint Louis : il reçoit l'onction sur l'épaule. (Thompson, pl. XXIII; Longnon, pl. VIII.)

Fol. 100 v°. Couronnement de saint Louis. (Thompson, pl. XXIV; Longnon, pl. IX.)

Fol. 102. Saint Louis porte la sainte couronne à la Sainte-Chapelle. (Thompson, pl. XXV; Longnon, pl. X.)

Fol. 104. Saint Louis malade reçoit la croix. (Thompson, pl. XXVI; Longnon, pl. XV. Conf. le recueil de la Société paléographique de Londres, 2ᵉ série, pl. 78.)

Fol. 106 v°. Prédication de la croisade. (Thompson, pl. XXVII; Longnon, pl. XVI.)

Fol. 118 v°. Prière de la reine Jeanne, agenouillée aux pieds de la sainte Vierge. (Thompson, pl. XXVIII.)

Fol. 123 v°. La reine Jeanne, assistée de son ange gardien, donne l'aumône à un mendiant. (Thompson, pl. XXIX.)

chênes, des sycomores et des souches de vigne. — VII. Monceaux de foin. — VIII. Champ de blé, partie sur pied, partie en gerbes. — IX. Vignes chargées de raisins. — X. Porcs au milieu de chênes. — XI. Chute des feuilles. — XII. Bûcherons coupant du bois auprès d'un feu allumé dans un champ.

[1] Chapitres XI et XII.

Fol. 150. Le roi Philippe de Valois et la reine Jeanne de Bourgogne en prières, à
        genoux devant les saintes reliques. (Thompson, pl. XXX; Longnon,
        pl. XI.)
Fol. 191. Saint Louis de Marseille donne un repas à des pauvres. (Thompson,
        pl. XXXII; Longnon, pl. XII.)

En décrivant dans le chapitre précédent le petit livre d'Heures attribué à
Bonne de Luxembourg, j'ai fait observer qu'il présentait beaucoup d'analogie
avec les Heures de Jeanne, reine de Navarre. Il faut cependant remarquer
que la suite des miniatures relatives à la vie de saint Louis est tout à fait différente dans chacun de ces deux manuscrits, bien que, selon toute apparence,
ils soient tous les deux sortis du même atelier.

XI

LE BRÉVIAIRE DE BELLEVILLE.

(Bibliothèque nationale, mss. latins 10483 et 10484.)

Le Bréviaire de Belleville, bien qu'il n'ait pas été fait pour un membre de la Maison de France, a bien le droit d'être classé au nombre des livres royaux, puisqu'il a appartenu à deux rois de France, Charles V et Charles VI, à deux rois d'Angleterre, Richard II et Henri IV, et à Jean, duc de Berri. Il se compose de deux volumes, qui, malgré de regrettables lacunes, sont à bon droit cités comme deux des plus précieux manuscrits à peintures de la première moitié du XIVe siècle. Ces deux volumes sont arrivés sans aucun doute dans la Maison royale à la suite de la confiscation des biens d'Olivier de Clisson et de sa femme, Jeanne de Belleville, en 1343[1]. Ils figurent sous le titre de Bréviaire de Belleville dans l'inventaire du mobilier de Charles V :

Ung très beau breviaire, très parfait, bien escript, très noblement enluminé et très richement ystorié, lequel est en deux volumes, et est a l'usaige des Frères Prescheurs, et est appellé le Breviaire de Belleville, et se commance le second fueillet du premier volume : *Et scitote*, et du second volume *justicie*. Et en sont les fueillez par dehors ystoriez a ymages. Et sont les fermouers d'argent doré esmaillez des armes de Belleville. Et sont en deux estuiz de cuir bouilly ferrez [2].

C'est aussi avec le titre de Bréviaire de Belleville qu'ils sont enregistrés dans l'inventaire du duc de Berri [3] :

Deux volumes appellez les Breviaires de Belleville, a l'usaige des Jacobins, très bien et richement historiez et enluminez. . . ; fermans a deux fermouers d'or esmaillés aux armes de France.

---

[1] Du fait de cette confiscation échut aussi à la couronne un autre magnifique manuscrit, qui figure en ces termes sur un des inventaires de Charles V : «Un très bel messel, bien escript et bien richement enluminé, aux armes de Belleville, et est a l'usage de Saint-Dominique, et est nommé le Messel de Belleville.» (*Inventaire du mobilier de Charles V*, éd. Labarte, p. 339, n° 3300.)

[2] *Ibid.*, p. 338, n° 3294.

[3] *Inventaires de Jean, duc de Berry*, éd. Guiffrey, t. I, p. 254, n° 963.

Des notes calligraphiées à la fin du premier volume et au commencement du second nous apprennent comment ce Bréviaire, donné par Charles VI à son gendre Richard II, roi d'Angleterre, fut renvoyé par Henri IV, successeur de Richard II, à Jean, duc de Berri, lequel le donna à sa nièce Marie de France, religieuse au couvent de Poissi :

Cest Breviaire est a l'usaige des Jacobins, et est en deux volumes, et est nommé le Breviaire de Belleville. Et le donna le roy Charles le VIe au roy Richart d'Angleterre ; et quant il fut mort, le roy Henri, son successeur, l'envoya a son oncle le duc de Berry, auquel il est a present. J. Flamel.

Lesquelz deux volumes mon dit seigneur a donnez a madame suer Marie de France, sa niepce. J. Flamel.

C'est le second volume des livres appellez les Breviaires de Belleville, a l'usaige des Jacobins, lequel est a Jehan, filz de roy de France, duc de Berry et d'Auvergne, conte de Poitou, d'Estampes, de Bouloingne et d'Auvergne, et lui furent envoiez de Angleterre. J. Flamel.

Lesquelz Breviaires mon dit seigneur a donnez a madame suer Marie de France, sa niepce. J. Flamel.

Les matières sont ainsi disposées dans le Bréviaire de Belleville, dont les feuillets, en parchemin très fin, sont hauts de 240 millimètres et larges de 170.

Le tome Ier (ms. 10483), qui consiste en 446 feuillets, contient :

1° L'explication de plusieurs peintures du Bréviaire (fol. 2) ;

2° Le Calendrier, dont il ne subsiste que les mois de novembre et de décembre (fol. 6) ;

3° Le Psautier (fol. 7), dans lequel ont été coupés deux feuillets qui devaient précéder le feuillet actuellement coté 61 ; à la fin de cette partie il y a trace de deux feuillets disparus, mais qui probablement devaient avoir été laissés en blanc ;

4° Des avertissements sur la composition du Bréviaire, sur la récitation des offices et la célébration des fêtes (fol. 88) ;

5° Le Propre des saints, depuis la Saint-André jusqu'à la Saint-Barnabé (fol. 96) ; on y a coupé, avant le feuillet coté 182, un feuillet contenant la fin de l'office de la Sainte Couronne, que les Dominicains célébraient le 4 mai [1], et le commencement de l'office de saint Jean ;

[1] «Ad perpetuum honorem Domini Nostri Jesu Christi et regni conservationem, in capella regia beati Nicholai honorifice collocatur anno Domini millesimo ducentesimo tricesimo nono, in octavis beati Laurencii. Sed quia dies hujus translacionis in Francia celebratur infra octavas

6° Le Commun (fol. 189 v°);

7° La partie d'hiver du Propre du temps (fol. 213).

Dans le tome II (ms. 10484), composé de 430 feuillets [1], nous avons :

1° Les deux premiers mois du Calendrier (fol. 2);

2° Le Psautier, dont cinq feuillets ont été arrachés : le premier, — un avant le folio coté 19, — un autre avant le folio 48 — et deux avant le folio 55;

3° Le Propre du temps à partir de la Trinité (fol. 81), avec une lacune au commencement, qui porte sur le début de l'office de la Trinité;

4° Le Propre des saints, à partir de la Translation de saint Dominique (fol. 218); il y manque, avant le feuillet coté 239, un feuillet qui contenait une partie de l'office de saint Pierre et saint Paul;

5° Le Commun (fol. 398).

Les cinq premières pages du Bréviaire de Belleville sont occupées par «l'Exposition des ymages des figures qui sunt u Kalendier et u Sautier, et est proprement l'acordance du Veil Testament et du Nouvel». Ce morceau offre un grand intérêt; sans lui il aurait été difficile de deviner la signification symbolique de diverses peintures que nous trouvons non seulement dans le Bréviaire de Belleville, mais encore dans les Heures de Jeanne de France, reine de Navarre, dans le «Très beau Bréviaire» de Charles V, et dans deux des livres d'Heures du duc de Berri, les grandes et les petites. Je me contente de signaler ici l'*Exposition des images,* dont il sera encore question un peu plus loin; le texte en a été publié par M. Marcel de Fréville, dans les *Nouvelles archives de l'art français* [2], et, d'après l'édition de M. de Fréville, dans le second volume du Catalogue des manuscrits de M. Henry Yates Thompson [3].

L'Exposition des images n'est pas le seul texte du Bréviaire de Belleville qui intéresse l'histoire littéraire. Il y aura lieu de l'étudier pour apprécier l'esprit et la valeur des travaux liturgiques des Dominicains au commencement du XIVe siècle, antérieurement à la canonisation de saint Thomas, dont l'office n'y est pas inséré. (Voir plus loin, p. 122.)

---

beati Dominici, patris nostri, scilicet in crastino beati Laurentii, qua die primo recepta fuit Senonis, visum est Fratribus ut festum istud in crastino inventionis sancte Crucis celebrarent.» (Ms. 10483, fol. 181.)

[1] Ils sont cotés 1-301, 303-352 et 354-432, les cotes 302 et 353 ayant été omises dans la numérotation.

[2] Années 1874-1875, p. 145-155.

[3] *A descriptive catalogue of the second series of fifty manuscripts* (n° 51 to 100) *in the collection of Henry Yates Thompson,* p. 365-368.

La première partie du Propre des saints s'ouvre par un avertissement dans lequel le compilateur rend compte des précautions qu'il a prises pour choisir les textes qui lui semblaient le plus dignes de confiance [1]:

Iste liber est Lectionarius ordinis Fratrum Predicatorum diligenter compilatus et correctus et punctatus et versiculatus. Nullus addat vel mutet vel minuat vel subtrahat aliquid transcribendo. Et sciendum quod in legendis et sermonibus et omeliis interdum decisa sunt aliqua, retentis aliis sub eisdem verbis, quod designatur per signum + positum a principio. Interdum autem, licet raro, abbreviata est aliqua hystoria sub aliis verbis, quod designatur per signum T [2] positum a principio. Caveant autem scriptores ne hujusmodi signa obmittant. Interdum autem ponuntur omnia sine decisione vel mutatione notabili verborum, et tunc non ponitur aliquod signum ab initio. Sciendum autem quod auctores quibus intitulantur opera positi sunt secundum quod reperti sunt in libris antiquis diversarum ecclesiarum, nec debent inseri inter lectiones nec legi. Ubi autem non potuerunt reperiri auctores certi de gestis sanctorum, positum est ab initio in margine *Ex Gestis*.

On voit dans plus d'un endroit que le compilateur a essayé de faire une œuvre critique en discutant des témoignages souvent contradictoires.

Voici ce qu'il dit de la légende de saint Georges :

Nota quod kalendarium Bede dicit quod Georgius passus est in Persida, in civitate Dyospoli ; et quidam liber de locis transmarinis dicit quod quiescit in civitate Dyospoli, que prius Lida vocabatur, et est juxta Joppen super mare. Vita ejus que legitur in Francia dicit quod passus est sub Daciano, Hyspaniarum preside, sub Diocletiano et Maximiano imperatoribus. Sed alia ejus Vita in antiquis libris Lothoringie dicit quod passus est sub Daciano, imperatore Persarum, presentibus sexaginta decem regibus de imperio ejus. Unde et in Niceno concilio inter apocrifas scripturas numeratur ejus legenda, quia martyrium ejus certam relationem non habet. Verumtamen quod hic decerptum est de ejus passione contrarietatem non habet [3].

Il a relevé les contradictions que présentent les différents récits de l'Invention de la Sainte Croix :

Ex Hystoria ecclesiastica, libro X. Et nota quod in Hystoria de inventione Crucis sunt quedam quibus contradicunt Hystoria tripertita et ecclesiastica, et Vita sancti

---

[1] Ms. 10483, fol. 88. — Il y a encore, dans ce même volume du Bréviaire, au folio 202 v°, des détails plus précis sur le genre de modifications qu'il a fallu faire subir aux textes pour les approprier à la récitation des offices, dans les maisons des Frères Prêcheurs.

[2] Le *Tau* de saint Antoine.

[3] Ms. 10483, fol. 172.

Silvestri, et Gesta pontificum Romanorum; sed in his que hic dicuntur de inventione Crucis ex Ecclesiastica hystoria non est.contradictio apud aliquos [1].

Au folio 409 v°, l'homélie à réciter le mardi des Rogations, *Necesse est, fratres mei, ut petamus.* . . avait d'abord été attribuée à saint Avit :

Avitus, archiepiscopus Viennensis, quem Gingnandius (*sic, leg.* Gennadius) nominavit inter viros illustres, et fuit successor beati Mammerti, qui tempore Clodovei regis invenit observantiam Rogationum [2].

Mais ces lignes ont été exponctuées et annulées par le mot *vacat.* La source véritable est indiquée par la rubrique : «Feria III in Rogationibus. Beda in omelia precedentis diei», suivie d'une +, pour indiquer que le texte est abrégé.

L'origine d'un sermon qui se lisait pendant l'octave de la Dédicace est indiquée comme incertaine :

Sermo iste intitulatur Ambrosii, sed magis videtur magistralis [3].

La légende de saint Barnabé est précédée de cette note :

Nota quod ille qui compilavit legendam hanc extraxit de Actibus, usque ad istum locum, sed ab isto loco dicit se transtulisse de greco in latinum ex dictis hujus Johannis. Videtur autem actor iste habere stilum eum quem habet ille qui composuit legendam Mathie, qui dicitur fuisse Beda [4].

Voici ce qui est dit de la légende des saints Basilide, Cyrin, Nabor et Nazaire :

Et sciendum est quod in Martirologio Usuardi et Lectionario Romano fit mentio de quibusdam Nazario et Basilide, Cyrino et Nabore, de quibus forte facit festum ecclesia Romana. Sed de istis fit mentio in quodam alio martirologio antiquo, et dicitur ibi quod corpus hujus beati Naboris fuit translatum de Roma apud Methim, in cujus honore est edificata abbacia in dyocesi Methensi [5].

Ce qui donne au Bréviaire de Belleville une valeur exceptionnelle, c'est le luxe avec lequel il a été exécuté. Après les déplorables mutilations qu'il a

[1] Ms. 10483, fol. 177 v°. — [2] *Ibid.*, fol. 409 v°. — [3] *Ibid.*, fol. 436. — [4] Ms. 10484, fol. 223. — [5] *Ibid.*, fol. 224 v°.

subies, on y compte encore 76 petites peintures mesurant environ 50 millimètres de largeur sur 40 de hauteur. Outre ces tableaux, qui sont compris
dans la justification même des colonnes, on trouve sur la marge inférieure
trente tableaux dont le développement n'atteint pas moins de 110 millimètres.
C'est à ces tableaux que fait allusion le rédacteur de l'inventaire de Charles V
dans cette phrase : « Et en sont les fueillez par dehors (c'est-à-dire en dehors
du cadre réservé au texte) ystoriez a ymages. »

Du double calendrier il ne subsiste plus que les mois de novembre et de
décembre dans le premier volume, et les mois de janvier et de février dans
le second. Les peintures qui se voient sur ces quatre feuillets sont fort remarquables. Les grisailles des mois de janvier et de février[1], qui représentent,
l'une, un personnage à double tête, assis à une table bien servie, l'autre, un
vieillard se chauffant les pieds, pourraient bien être de la même main que
certaines grisailles du petit livre d'Heures attribué à Bonne de Luxembourg[2].
Les deux dernières pages du Calendrier du ms. 10483, les deux seules qui
nous aient été conservées (encore ont-elles été misérablement mutilées), nous
montrent que l'enlumineur chargé de la décoration du volume avait exactement suivi le programme adopté pour les Heures de Jeanne de France, reine
de Navarre, et qui fut appliqué un peu plus tard à l'illustration des grandes et
des petites Heures du duc de Berri. Ce programme comportait comme principaux motifs des figures représentant, d'une part, l'accord de l'Ancien Testament avec le Nouveau et, d'autre part, la décadence de la Synagogue en
regard du progrès de l'Église. C'est ce qui est expliqué dans l'Exposition des
images copiée en tête du premier volume du Bréviaire de Belleville :

> . . . Et cete acordance senefient les ymages qui sunt ci après. Premierement sont les
> Apostres, qui sont executeurs du Nouvel Testament, qui cueillent les clauses du Viel
> Testament, obscurement bailliées, et les descuevrent et desclairent, et en font les arti-
> cles de la foy; si que en chascun des XII mois a un des XII apostres et un des XII pro-
> phetes, en tel maniere que le prophete baille a l'apostre une prophecie envelopée, et
> l'apostre la descuevre et en fait un article. Et pour ce que de la Synagoge, qui fu u temps
> de l'Ancien Testament, et de l'Eglise, qui est u temps du Nouvel, nous parlons en deus
> manieres, et quant au sens gros et materiel, et quant au sens soutil et esperituel, met je
> l'un sens et l'autre. Quar au derriere de chascun a une Synagoge materiel, de quoi le pro-

[1] Ms. 10484, fol. 2, r° et v°. — [2] Voir plus haut, p. 71.

phete trait une pierre que il baille a l'apostre ovec la prophecie, et va tousjours cele
Synagoge en defaillant selonc ce que il vont plus avant. Et pour ce que les articles de la
foi sont la voie et les portes d'entrer en paradis, met je les XII portes de Jerusalem de
paradis au desus des XII apostres en la Vierge Marie, par quoi nous fu la porte ouverte,
qui tient sus chascune des portes un panoncel ou est paint en ymage l'article que l'apostre
fait au desous par parole. Et respont chascun panoncel a chascun article en droit soi.
Et pour ce que mesires saint Pol n'estoit encore pas ou college des Apostres quant ils
firent la Credo et assemblèrent les articles de la foy, met je son ravissement comment
il fu ravi et apelé, soz le premier article que la vierge Marie li tent ou pennoncel; et
puis après tantost es autres mois comment il preecche et monstre les articles que la
Vierge tient sus la porte as onze manieres de gens a qui il escrit onze epistres.

Les deux pages exécutées d'après ces données, pour illustrer les mois de
novembre et de décembre du Calendrier, dans le premier volume du Bréviaire
de Belleville, sont identiques aux deux pages correspondantes du Bréviaire
de Jeanne, reine de Navarre.

La page du mois de novembre a été reproduite en fac-similé dans le premier des fascicules offerts par M. Henry Yates Thompson au Roxburghe
Club. On trouvera une phototypie de celle du mois de décembre sur la
planche XVI du présent fascicule.

Dans le chapitre suivant je parlerai de l'illustration du Psautier qui est
identique avec celle du psautier inséré au milieu du « Très beau Bréviaire
de Charles V».

En décrivant les Heures attribuées à Bonne de Luxembourg[1], j'ai eu
l'occasion de signaler la part qui revient à Jean Pucelle, à Ancelet de Cens
et à Jaquet Maci (ou Mahiet) dans l'enluminure du Bréviaire de Belleville.

———

Cette feuille était en épreuves quand j'ai reçu de M. le Dr Rudolf Beer, de Vienne,
les cahiers du *Kunst und Kunsthandwerk*[2], où il a passé en revue les principaux manuscrits à peintures de la Bibliothèque impériale. L'un de ces manuscrits se rattache trop
étroitement à plusieurs de ceux dont il est ici question, pour que je ne me trouve pas
obligé d'en dire quelques mots. Il s'agit du manuscrit 1855 de la Bibliothèque impériale, qui est apparenté de très près aux plus beaux livres de luxe faits au XIVe siècle et

[1] Plus haut, p. 75. — [2] Cahiers V-VII de l'année 1902, p. 233-264 et 285-360.

au commencement du xv⁰ pour les princes de la Maison de France. Il doit avoir été
exécuté par des artistes français vers le milieu du règne de Charles VI. C'est un livre
d'Heures signalé déjà depuis longtemps par Waagen, qui en a vanté la richesse et n'a
pas hésité à le placer sur la même ligne que les Grandes Heures du duc de Berri. Les
détails dans lesquels est entré M. Beer confirment de tout point le jugement porté par
Waagen; ils seront lus avec autant de profit que de curiosité par tous ceux qui s'inté-
ressent à l'histoire de l'art français sous les premiers Valois.

Les reproductions du *Kunst und Kunsthandwerk* sont assez médiocres. Elles suffisent cependant pour nous autoriser à rattacher le manuscrit de Vienne à la même famille que
deux des manuscrits compris dans la présente étude : les Heures de Jeanne de France,
reine de Navarre, et le Bréviaire de Belleville. Il s'y rattache encore au même titre
que les Grandes et les Petites Heures du duc de Berri, conservées à la Bibliothèque
nationale.

Ces cinq manuscrits forment un groupe homogène, dont le caractère distinctif le
plus facile à saisir est un système très original, uniformément suivi pour l'illustration du
calendrier. J'ai déjà cité (p. 86) le programme qui s'en trouve formulé au commencement du Bréviaire de Belleville.

Sur chacune des pages du calendrier, l'enlumineur ne devait pas se borner à figurer,
suivant l'usage généralement suivi depuis le xıı⁰ siècle, les signes du zodiaque avec des
figures ou des scènes rappelant les occupations habituelles de chaque mois. Il avait à y
représenter, sur de petits tableaux : 1° un prophète et un apôtre déroulant des banderoles sur lesquelles devaient s'inscrire un verset des Prophéties et un article du Symbole;
— 2° la sainte Vierge déployant l'étendard de la croix au-dessus d'une des portes de la
Jérusalem céleste; — 3° saint Paul, dont la conversion et l'envoi des épîtres à ses onze
correspondants devaient trouver place sur les douze pages du calendrier.

C'est par des calendriers ainsi disposés que s'ouvrent les Heures de la reine de Navarre, le Bréviaire de Belleville, les Petites et les Grandes Heures du duc de Berri. Telle
est aussi l'économie du calendrier qui orne les premiers feuillets du manuscrit 1855
de Vienne, comme on peut le voir sur deux des pages reproduites dans le mémoire
M. Beer.

Ce n'est pas ici le lieu de rechercher l'origine de ce dernier manuscrit. Mais il est
peut-être permis d'espérer que cette intéressante question sera un jour éclaircie à l'aide
de quelque inventaire d'une maison princière. N'arrivera-t-on pas à expliquer la singu-
lière décoration du feuillet 67, que M. Beer a spirituellement qualifiée «la bouffonnerie
des différents membres de la famille des ours »?

XII

LE TRÈS BEAU BRÉVIAIRE DE CHARLES V.

(Bibliothèque nationale, ms. latin 1052.)

A côté du Bréviaire de Belleville peut se placer un autre Bréviaire qui a également appartenu, d'abord à Charles V, puis au duc de Berri, et qui, dans les articles d'inventaires rapportés un peu plus loin, est caractérisé par les premiers mots du second feuillet, *cognovit bos*. Ce signalement, combiné avec plusieurs autres particularités, nous autorise à appliquer ces articles d'inventaire au volume qui porte aujourd'hui, à la Bibliothèque nationale, le n° 1052 du fonds latin, et dont le second feuillet du texte (fol. 8) commence par les mots *cognovit bos*.

Rien dans le ms. 1052 ne trahit la noble origine et les non moins nobles vicissitudes d'un volume qui peut néanmoins revendiquer une place d'élite parmi les beaux livres du milieu du XIVe siècle. Il consiste en 617 feuillets de très fin parchemin, hauts de 235 millimètres et larges de 173. C'est un très ample Bréviaire parisien, dont les rubriques sont en français, et qui est intitulé (fol. 7) : « Ci commence le Breviaire selonc l'usage de Paris. » On y doit distinguer six parties :

1° Un Calendrier (fol. 1-6);
2° Le Propre du temps (fol. 7-206 v°);
3° Le Psautier et la Litanie des saints (fol. 207-283 v°);
4° Le Propre des saints (fol. 285-582 v°);
5° Le Commun (fol. 585-605);
6° Les Rubriques ou le Bref, en français (fol. 606-617).

La place du Psautier au milieu du volume, la rédaction française du Bref et la présence des mots *cognovit bos* au haut du second feuillet du texte sont trois particularités qui prouvent jusqu'à la dernière évidence que le ms. 1052 répond bien à l'article de l'inventaire du mobilier de Charles V, conçu dans les termes suivants :

Item ung autre grant Breviaire entier, très noblement escript et très noblement enlumyné et ystorié, et est le Psaultier ou mylieu du Breviaire. Et se commance la seconde page *cognovit bos*. Et sont les fermouers d'or, et est en l'un ung roi, et en l'autre ung ymage à genoulx. Et est la pipe ouvrée à une orbe voye. Et en est le brief en françoys [1].

Pour avoir toute l'histoire du livre pendant les soixante premières années de son existence, il faut combiner l'article d'inventaire qu'on vient de lire avec deux articles des inventaires du duc de Berri.

L'article 122 de l'inventaire [2] qui fut dressé en janvier 1413 (n. st.) est ainsi libellé :

Item un très bel Breviere, escript de bonne lettre de fourme, a l'usaige de Paris, qui fu du Roy [3], bien historié et enluminé ; et au commancement du second fueillet après la fin du kalendrier a escript *cognovit bos*. Couvert d'un drap de soye ouvré, et par dessus une chemise de drap de damas noir doublé d'un tercelin vermeil ; fermant a deux fermouers d'or en façon de chasteaulx ; et n'y a point de pipe [4]. Lequel Breviere Monseigneur a eu de feue Madame d'Orleans [5], et avoit esté de feu Monseigneur d'Orleans, son mary, a qui mondit seigneur l'avoit donné.

Cet article a été reproduit dans l'inventaire auquel il fut procédé en 1416, après la mort du duc de Berri [6]. Le Bréviaire ainsi décrit fut alors estimé 160 livres parisis, et l'achat en fut proposé au prince qui devait être un peu plus tard le roi Charles VII, comme il est expliqué dans le registre de l'exécution testamentaire du duc de Berri [7] :

A Monseigneur le duc de Touraine, a present daulphin de Viennois, un très bel Breviaire, etc. [8], prisé ou dit inventaire la somme de huit vins livres parisis ; lequel Breviaire, par l'ordonnance de mes diz seigneurs les executeurs et commis a la dicte execucion [de monseigneur le duc de Berry], fut envoié par maistre Pierre Franchomme, chantre de l'esglise de Paris, au dit Monseigneur le daulphin, pour icellui veoir et retenir en paiant la dicte somme de VIII^{xx} livres parisis, ou telle autre

---

[1] *Inventaire du mobilier de Charles V*, éd. J. Labarte, p. 336, n° 3281.

[2] Registre KK. 258 des Archives nationales. Cf. les *Inventaires de Jean, duc de Berry*, éd. Guiffrey, t. I, p. 258, n° 971.

[3] Charles V.

[4] « Ymo est una parva pipa auri cum duobus parvis ursis. » Note ajoutée en marge de l'inventaire de 1413.

[5] Valentine de Milan, veuve de Louis, duc d'Orléans, assassiné en 1407.

[6] Article 512 de l'inventaire conservé à la bibliothèque Sainte-Geneviève.

[7] Fol. 268 v° du ms. de Sainte-Geneviève, édit. de M. Guiffrey, t. II, p. 298.

[8] Description semblable à celle dont le texte vient d'être rapporté d'après l'inventaire dressé au mois de janvier 1413.

somme d'argent, a la dicte execucion, comme bon lui sembleroit, affin qu'il eust le fait d'icelle envers le roy nostre dit seigneur, son père, et autrement, recommandé, lequel mon dit seigneur de Touraine, après ce qu'il ot longuement veu et advisé le dit Breviaire, retint icellui par devers lui, et dont il n'a aucune chose paié ne entencion de paier a la dite execucion, si comme par les lettres de mes diz seigneurs les executeurs et commis dessus diz sur ce faictes et données le xxiiiᵉ jour de novembre m cccc xvi, avecques recongnoissance et certifficacion de ce du dit monseigneur le daulphin, faicte le xxviiiᵉ jour d'aoust mil cccc et dix-sept, tout cy rendu, peut apparoir. . .

D'après ces textes, le volume que les contemporains qualifiaient de Très beau Bréviaire et qu'ils trouvaient très noblement écrit et très noblement enluminé et historié, venait de la librairie de Charles V, pour lequel il avait sans doute été exécuté. Charles VI en avait fait cadeau à son oncle, Louis, duc d'Orléans, et la veuve de celui-ci, Valentine de Milan, l'avait offert à son beau-frère, le duc de Berri, qui en changea la garniture, en y faisant fixer deux fermoirs d'or en forme de châteaux, avec une petite pipe d'or ornée de deux oursons. A la mort du duc, les exécuteurs testamentaires, pour se concilier les bonnes grâces du dauphin, depuis Charles VII, le lui envoyèrent, sans fixer la somme moyennant laquelle il pourrait en devenir propriétaire. Le prince, après avoir longuement vu et avisé le Bréviaire, trouva bon de le garder par devers lui, en déclarant cependant que, de ce chef, il n'avait point l'intention de rien payer à la succession de son grand-oncle.

Quand on a sous les yeux le manuscrit 1052, on comprend aisément que Charles VII ait éprouvé le désir de s'approprier un aussi beau livre. Le parchemin en est d'une finesse exquise; l'écriture, disposée sur deux colonnes, ne laisse rien à désirer, soit pour l'élégance, soit pour la netteté et la régularité. C'est à bon escient que les clercs du xivᵉ siècle le déclaraient très noblement historié et enluminé. Sans parler des miniatures du calendrier, qui représentent les occupations de chaque mois[1] et les signes du zodiaque, on y compte 59 tableaux de 50 millimètres de hauteur sur 45 de largeur, et 130 tableaux de moindres dimensions, environ 30 millimètres sur 24. De

---

[1] *Janvier*, repas d'un personnage bicéphale. — *Février*, personnage se chauffant les pieds. — *Mars*, la taille de la vigne. — *Avril*, dame debout près d'un arbre feuillu. — *Mai*, un fauconnier. — *Juin*, un faucheur. — *Juillet*, un moissonneur coupant le blé à la faucille. — *Août*, un batteur de blé. — *Septembre*, la vendange. — *Octobre*, l'ensemencement. — *Novembre*, la glandée. — *Décembre*, abatage du porc.

plus la marge inférieure de plusieurs pages du Psautier (fol. 207, 217, 226, 232, 238, 245 v°, 252 v° et 261) renferme huit délicieuses peintures, absolument semblables à celles qui ornent les passages correspondants du Psautier dans chacun des deux volumes du Bréviaire de Belleville. Voici la place qu'occupe dans les trois manuscrits le tableau mis à côté du psaume par lequel débute l'office des Matines de chaque férie et l'office des Vêpres.

			Ms. 10483.	Ms. 10484.	Ms. 1052.
Férie I..	Psaume I......	Fol.	7	//	207.
II..	XXVI...		17 v°	12 v°	217.
III.	XXXVIII.		24 v°	//	228.
IV.	LII....		31	25 .v°	232.
V..	LXVIII..		37	32	238.
VI.	LXXX...		45 v°	40	245 v°.
Samedi..	XCVII...		53	//	252 v°.
Vêpres...	CIX....		//	//	261.

Ces tableaux représentent l'opposition des vices aux vertus, avec le jugement dernier, comme l'annonce l'*Exposition des images*, copiée en tête du ms. 10483 :

... Et pour ce met je les VII vertus sous les VII matines du sautier; quar par matin nous est entendus la vie, et par le vespre definement, selonc l'Escripture. Et pour ce je met le finement du monde, le jour du Jugement, sur les vespres : *Dixit Dominus.* Et ne va pas la voie a senestre, ou sont les VII vices. Et ainsi tu rendras au general paiement au jour du Jugement, que tu vois paint desus *Dixit Dominus.* Et auras ce gracieus don que Diex donra a ses amis quant il dira : « Venés ça, mes amis, qui avés fet ma volenté. Prenés le reaume de paradis qui vous est appareilliés a tourjous sans fin. »

Dans le Psautier du ms. 10484, les sept premiers tableaux sont accompagnés de légendes qui font connaître quelle est la vertu représentée :

I. La Foi (tableau enlevé du manuscrit).
II. L'Espérance. — *Spem in Domino.* (Fol. 12 v°.)
III. La Charité (tableau enlevé du manuscrit).
IV. La Prudence. — *Ne miraris prudencie tue.* (Fol. 25 v°.)
V. La Force. — *Fortitudo mea et laus mea Dominus.* (Fol. 32.)
VI. La Tempérance. — *In timore Domini esto tota die. Estote sobrii et vigilate.* (Fol. 40.)
VII. La Justice (tableau enlevé du manuscrit).

Le huitième tableau, juxtaposé au premier psaume des vêpres : *Dixit Dominus Domino meo*, et sur lequel est figuré le jugement dernier, ne subsiste que dans le ms. 1052, au bas du folio 261. Le peintre y a représenté Notre-Seigneur, ayant à sa droite les élus qui entrent au paradis, et à sa gauche les réprouvés qu'un diable apporte dans une hotte pour être précipités par un autre diable dans la gueule de l'enfer.

J'ai fait reproduire en phototypie le tableau VI d'après le ms. 10483 (planche XVII), et le tableau VIII d'après le ms. 1052 (planche XVIII).

Je ne poursuivrai pas plus loin cette étude, et je m'arrêterai à la fin du XIVe siècle. C'est alors qu'on voit se développer de nouvelles écoles de peinture et entrer en scène une nouvelle génération d'artistes à laquelle sont dues des merveilles telles que les Heures du duc de Berri (celles de Paris, de Turin et de Chantilly), le Bréviaire du duc de Bedford, les Heures d'Étienne Chevalier et celles de la reine Anne de Bretagne.

APPENDICE.

I

NOMENCLATURE DES FÊTES MENTIONNÉES
DANS LE CALENDRIER DU PSAUTIER D'INGEBURGE.

Januarius. — 1. Circumcisio Domini. — 3. Genovefe v. – 6. Epiphanie Domini. – 8. Severini conf. – 10. Pauli primi heremite. – 13. Octabas epiphanie, et s. Hylarii ep. – 15. Mauri abb. – 16. Marcelli pape. – 17. Antonii abb. – 18. Prisce v. – 20. Fabiani et Sebastiani m. – 21. Agnetis v. – 22. Vincentii m. – 25. Conversio s. Pauli. – 26. Baltildis regine. – 28. Agnetis secundo. – 30. Baltildis regine.

Februarius. — 1. Brigide v. – 2. Purificatio b. Marie. – 3. Blasii m. – 5. Agathe v. – 6. Vedasti et Amandi. – 8. Apollonie v. – 10. Scolastice v. – 14. Valentini ep. – 16. Juliane, v. et m. – 19. Susanne v. – 22. Cathedra s. Petri. – 24. Mathie ap. – 27. Honorine v.

Martius. — 1. Albini conf. – 4. Adriani m. – 10. Gertrudis v. – 12. Gregorii pape. – 18. Edwardi, regis et m. – 20. Cuthberti ep. – 21. Benedicti abb. – 25. Annuntiatio dominica. – 27. Resurrectio Domini. – 31. Albine virg.

Aprilis. — 2. Marie Egyptiace. – 4. Ambrosii ep. – 6. Sixti, pape et m. – 11. Leonis pape. – 13. Eufemie, v. et m. – 14. Tiburtii et Valeriani m. – 22. Inventio s. Dionisii sociorumque ejus. – 23. Georgii m. –

25. Marci euvangeliste. – 28. Vitalis m. – 30. Eutropii et Maximi m.

Maius. — 1. Apostolorum Philippi et Jacobi. – 3. Inventio sancte crucis. – 5. Hilarii. – Obiit Sofia, regina Dacie. – 6. Johannis ante portam latinam. – 10. Gordiani et Epimachi m. – 12. Nerei, Achillei et Pancratii m. – Obiit Waldemarus, rex Danorum. – 19. Potentiane v. – 25. Urbani, pape et m. – 26. Augustini ep. – 28. Germani ep. – 30. Felicis pape. – 31. Petronille v.

Junius. — 1. Nicomedis m. – 2. Marcelli et Petri m. – 6. Bonifacii m. – 8. Medardi et Gildardi. – 9. Primi et Feliciani m. – 11. Barnabe apostoli. – 12. Basilidis, Cirini, Naboris et Nazarii. – 15. Viti, Modesti et Crescentie. – 16. Cirici et Julitte, matris ejus. – 18. Marci et Marcelliani fratrum. – 19. Gervasii et Prothasii m. – Obiit Alienor, comitissa Veremandie. – 22. Albani m. – 23. Vigilia. – 24. Nativitas s. Johannis Baptiste. – 26. Johannis et Pauli. – 28. Leonis pape. Vigilia apostolorum. – 29. Apostolorum Petri et Pauli. – 30. Commemoratio s. Pauli.

Julius. — 2. Processi et Martiniani m. – 4. Translatio s. Martini. – 6. Octabas apostolorum. – 8. Evodii, ep. et conf. – 10. Septem fratrum. – 11. Translatio s. Benedicti. – 18. Arnulfi m. – 20. Margarete v. – 21. Victoris m., et Praxedis v. – 22. Marie Magdalene. – 23. Apollinaris m. – 24. Christine v. – 25. Jacobi apostoli. – 26. Marcelli ep. – 27. Anno Domini м° cc° quarto decimo, veinqui Phelippe, li rois de France, en bataille le roi Othon et le conte de Flandres et le conte de Boloigne et plusors autres barons. – 28. Nazarii, Celsi, Pantaleonis m. – 29. Felicis, Simplicii, Faustini et Beatricis. – 30. Abdon et Sennes m. – 31. Germani ep.

Augustus. — 1. Ad vincula s. Petri. – 2. Stephani, pape et m. – 3. Inventio s. Stephani sociorumque ejus. – 4. Justini, presbiteri et m. – 5. Oswaldi, regis et m. – 6. Sixti, Felicissimi. – 7. Donati, episcopi et m. – 9. Romani m. Vigilia. – 10. Passio s. Laurentii m. – 11. Tiburtii m. – 13. Ypoliti m. – 15. Assumptio beate Marie. – 17. Octabas s. Laurentii. – 18. Agapiti m. – 19. Magni m. – 23. Timothei et Apollinaris m. – 24. Bartholomei apostoli. – 26. Anastasii m. – 28. Augustini episcopi, et Heremetis m. – 29. Decollatio s. Johannis. – 30. Felicis et Audacti m.

September. — 1. Egidii abbatis. – 4. Marcelli m. – 7. Clodoaldi presbiteri. – 8. Nativitas s. Marie. – 9. Gorgonii m. – 11. Proti et Jacincti. – 14. Exaltatio sancte crucis. – 15. Nichomedis m. – 16. Eufemie v. – 17. Lamberti m. – 21. Mathei apostoli. – 22. Mauricii sociorumque ejus. – 26. Cipriani episcopi, et Justine, v. et m. – 27. Cosme et Damiani m. – 29. Michaelis archangeli. – 30. Jeronimi presbiteri.

October. — 1. Remigii episcopi. – 2. Leodegarii ep. – 6. Fidis, v. et m. – 7. Marci pape. – 9. Dionisii, cum sociis suis. – 11. Nichasii, cum sociis suis. – 14. Calixti pape. – 18. Luce euvangeliste. – 24. Maglorii episcopi. – 25. Crispini et Crispiniani. – 26. Amandi, episcopi et conf. – 27. Vigilia. – 28. Apostolorum Symonis et Jude. – 31. Quintini m. Vigilia.

November. — 1. Festivitas Omnium sanctorum. – 2. Commemoratio fidelium defunctorum. – 5. Leonardi abbatis. – 6. Felicis m. – 8. Sanctorum quatuor coronatorum. – 9. Theodori m. – 10. Martini pape. – 11. Martini episcopi. – 13. Bricii episcopi. – 15. Machuti episcopi. – 20. Eadmundi, regis et m. – 22. Cecilie, v. et m. – 23. Clementis pape. – 24. Grisogoni m. – 25. Katerine v. – 27. Maximi presbiteri. – 29. Saturnini m. Vigilia. – 30. Andree apostoli.

December. — 1. Eligii, episcopi et conf. – 4. Benedicti abbatis. – 6. Nicholai episcopi. – 7. Octabas s. Andree. – 8. Conceptio beate Marie. – 13. Lucie v. – 21. Thome apostoli. – 24. Vigilia. – 25. Nativitas Domini Nostri Jhesu Christi. – 26. Stephani prothomartyris. – 27. Johannis euvangeliste. – 28. Innocentium. – 29. Thome, archiepiscopi et m. – 31. Silvestri pape.

II

PREMIERS MOTS DES PRIÈRES COPIÉES À LA FIN DU PSAUTIER D'INGEBURGE [1].

Deus, cui proprium est misereri…
Omnipotens sempiterne Deus, qui facis mirabilia magna solus…

Pretende, Domine, famulis et famulabus…
Ure igne Sancti Spiritus renes nostros…

[1] Fol. 191 v°.

Actiones nostras, quesumus, Domine, aspirando...

A domo tua, quesumus, Domine, spirituales nequicie...

Adesto, Domine, supplicationibus nostris...

Deus, a quo sancta desideria...

Animabus, quesumus, Domine, famulorum famularumque...

Deus, qui es sanctorum tuorum splendor...

Omnipotens sempiterne Deus, misere[re]
famulis...

Deus, qui non vis mortem peccatorum...

Deus, regnorum tuorum omnium, chris-
tiani maxime protector imperii...

Deus, auctor pacis et amator...

O intemerata virgo, Dei genitrix...

Adjuva me, clementissima domina...

Domine Deus, pater omnipotens, qui
consubstantialem...

Veni, creator spiritus, mentes tuorum
visita...

Pax Domini, vultus Domini, corpus
Domini...

Domine Jhesu Christe, ad tuum sanctum
corpus...

Fili Dei, redemptor mundi, qui venisti...

Auxiliatrix esto michi, sancta Trinitas...

Sancta Trinitas, unus Deus, ignosce michi
omnia peccata mea...

Domine Jhesu Christe, vexillum tue
crucis adoro...

Deus, qui per crucem et passionem rede-
misti mundum...

Obsecro te, Domine Jhesu Christe, fili
Dei vivi, ut per crucem tuam...

Salva me, Domine Christe, salvator, per
virtutem sancte crucis...

Signa me, Domine, signaculo sancte
crucis...

In presentia corporis et sanguinis tui,
Domine J. C...

Domine, virtus salutis mee, invoco...

Tuam, Domine, clementiam suppliciter...

III

MÉMORIAUX FRAUDULEUSEMENT INSÉRÉS DANS LE PSAUTIER D'INGEBURGE

POUR SERVIR DE PREUVE À LA GÉNÉALOGIE DE LA FAMILLE DE MESMES[1].

(1270-1477.)

Ce livre fu au roy saint Loys, qui, en la fin
de ses jours, le donna a messire Guillame
de Mesme, son premier chappellain, lequel
messire Guillame le donna, au jour de son
trespas, a messire Regn. de Mesme, son nepveu, qui depuis le donna a l'eglise et couvent
des Cordeliers de Paris, ou il se fit enterrer;
et il a demouré grant temps, jusques au temps
de maistre Thomas de Cussy, cordelier et
liscur du dit couvent. Et je le dit frère Thomas, pour la neccessité du dit couvent, ay
vendu le dit Saultier en plain marchié, au
plus offrant +, sept vings et quatre frans, le
xiiiie jour du mois de juillet l'an mil ccc

iiii[xx] et viii. Et en signe de verité, je le dit
frère Thomas ay mis mon signet manuel en
ce present Saultier.

T. de Cussy.

+ Et l'achetta messire Jehan, clerc de la
chappelle de la royne Blanche, pour la dicte
royne.

T. de Cussy.

Et depuis les choses dessus dictes, ce present Saultier a esté vendu et revendu, tant
qu'il advint que, le mercredi avant la feste de
Toussains, l'an courant l'an mil cccc et vint

[1] Fol. 2 v° et 3.

six, que messire Jehan de Thoulonjon, seigneur dudit lieu et de Senecey ou duché de Bourgongne, acheta ce dit Saultier, et lui costa cent frans d'or, d'un revendeur de livres du palais de Paris; et lequel Saultier il donna a madame Jehanne de Chalon, sa mère, le jour de l'an l'an mil IIIIe XXVI, present messire Hemart Bouton, chevalier, seigneur de Quincey, et pluseurs autres, et moy : P. DE LAUMONT.

Item, depuis, ce present Psaltier a esté donné par ma dicte dame a maistre Guillaume Borreiller, son compère, pour agreables services qu'il lui a faiz, lequel lui a esté delivré par Jehan de Thoulonjon, seigneur de Trauc, present moy : PORCHEQUIN.

Item, je le dit Guillaume Borrelier ay donné le dit Psaltier a mon très honnoré et doubté seigneur monseigneur d'Anthume, chancellier de monseigneur de Bourgongne, le XIIe jour de may, l'an mil quatre cens quarente et ung, tesmoing mon seing manuel : G. BORRELIER.

Et après le trespas de noble et puissant seigneur messire Nicholas Rolin, chevalier, seigneur d'Anthume, chancellier de très excellent et très puissant prince monseigneur le duc Phelippe de Bourgongne, l'an mil CCCC

soixante huit, je Guigoine de Salins, dame d'Anthume, vesve dudit seigneur d'Anthume, ay donné a très excellent, très hault et très puissant prince mon très redoubté et souverain seigneur monseigneur Charles, duc de Bourgongne et premier de ce nom, cestui Psaultier, et luy ay fait presenter par mon nepveu messire Aymar Bouton, chevalier, son conseiller et chambellan. Et pour souvenance et memoire, luy ay fait signer cestes de sa main. Le second jour de decembre, l'an comme dessus.

EMART BOUTON.

Et le trespas advenu de mon dit seigneur le duc Charles, madame Marie, duchesse de Bourgoingne, sa seule fille et heritière, qui depuis ot espousé monseigneur Maximilien, duc d'Austriche, unique filz et heritier de l'empereur des Rommains, donna icellui Psaultier a maistre Charles Soillot, son secretaire, et lui en fist faire le don par Waultre de Heusdain, son conseillier et garde de ses joyaulx, le Xe jour d'aoust, l'an mil quatre cens soixante dix sept.

Tesmoing la cedulle et descharge de ma dicte dame sur ce faicte et expediée, et signée de sa main et cy attachie [1], le XVIIe du mois de decembre prouchain après ensievant l'an que dessus.

IV

CERTIFICAT RELATIF À LA REMISE DU MÊME PSAUTIER
ENTRE LES MAINS DU PRÉSIDENT HENRI DE MESMES, PAR PIERRE DE BELLIÈVRE [2].

(1649.)

Hunc librum, vetustate venerandum regiique prophetæ versibus olim a sanctissimo Francorum rege cantari solitis nobilitatum, a Philippo, Hispaniarum principe, Magnam Britanniam petente, ut Mariam, Angliæ reginam, uxorem duceret, gratum illi munus

[1] Au feuillet sur lequel nous lisons ce certificat est resté attaché le talon de la cédule en papier contenant la décharge de Marie de Bourgogne, qui complétait la série des faux exécutés pour établir la succession des anciens propriétaires du Psautier.

[2] Pièce ajoutée sur le folio 2 du Psautier d'Ingeburge.

oblaturo, in Angliam tandem post tot mutata nomina e Belgio allatum, in superba ac vere regia Sancti Jacobi bibliotheca quondam asservatum, Petrus Bellevreus, regi christianissimo a secretioribus consiliis, ejusque apud Carolum primum, serenissimum Magnæ Britanniæ regem, orator, e profanis manibus vindicandum curavit, antiquum Memmiorum codicem, suis servavit, majorumque pietatis tam insigne documentum, Henrico Memmio, regi a secretioribus consiliis, supremi senatus amplissimo præsidi, illustrissimæ familiæ principi, e legatione rediens, restituit, æternum sui erga colendissimum virum obsequii monumentum, anno reparatæ salutis CIƆIƆCXLIX.

P. DE BELLIÈVRE.

V

Aujourd'huy, vingt troisiesme jour de febvrier MVI^e soixante treize, sur les neuf heures du matin, au mandement de hault et puissant seigneur messire Jean Anthoine de Mesmes, chevalier, seigneur d'Irval, comte d'Avaux et autres lieux, conseiller ordinaire du roy en tous ses conseils d'estat, privé, direction et finances et president en sa cour de parlement, les notaires du roy au Chastelet de Paris soubzsignés se sont transportés en son hostel scis à Paris, rue Sainte Avoye, paroisse Saint Nicolas des Champs, où ils l'auroient trouvé au lict, mallade, touttes fois sain de peussée, memoire et entendement, ainsy qu'il est aparu aus dits notaires, lequel, considerant la necessité qu'il y a de mourir, avant que d'en estre prevenu, a faict, dité et nommé aus dits notaires son testament, ainsy qu'il entent, au nom du Père, du Fils, du Saint Esprit.

Premièrement, comme chrestien et catholique, a recommandé son ame à Dieu le créateur, le priant, par le mérite de la mort et passion de Nostre sauveur et redempteur Jesus Christ, luy pardonner ses fautes et offence, et le faire jouir de la beatitude eternelle, implorant à cette effet les prières et intercessions de la très sainte Vierge et de tous les saints et saintes de paradis, désire et ordonne son corps mort etre inhumé et enterré en l'eglise des Augustins, en la sepulture de messieurs ses ancestres, avec madame son espouse et aussy inhumée. Quant à son convoy, service et enterrement, s'en remet à la discretion de monsieur le president de Mesmes, son fils aisné, le priant que ce soit avec modestie.

. . . .

Veult et entend le dit seigneur testateur que le Psautier du roy saint Louis, par luy donné à Mre de Mesmes, son premier aumosnier, l'antienne bible manuscrite et toutte la bibliothèque [2], composée tant des livres que des manuscripts qui sont dans les deux salles basses du dit grand hostel de Montmorency, soient et apartiennent à mons. le President, son fils aisné, lesquels Psautier de saint Louis, antienne bible manuscrite et bibliothèque de livres et manuscripts le dit seigneur testateur a substitués et substitue perpetuellement à l'aisné de sa maison qui fera profession de robbe.

[1] Minute originale au Musée Condé.
[2] La célèbre Bible de Théodulfe, ms. lat. 9380 de la Bibliothèque nationale.

VI

NOMENCLATURE DES FÊTES MENTIONNÉES DANS LE CALENDRIER DU PSAUTIER DE SAINT LOUIS
D'ORIGINE ANGLAISE.

Januarius. — 1. Circumcisio Domini. —
2. Oct. s. Stephani. — 3. Oct. s. Johannis. —
4. Oct. sanctorum Innocentium. — 6. Epiphania Domini. — 13. Oct. Epiphanie, et
s. Hilarii episcopi. — 14. Felicis in Pincis. —
15. Mauri abb. — 16. Marcelli, pape et mart.
— 18. Prisce, virg. et mart. — 20. Fabiani et
Sebastiani. — 21. Agnetis, virg. et mart. —
22. Vincentii mart. — 25. Conversio s. Pauli
apost. — 28. Agnetis secundo.

Februarius. — 1. Brigide virg. — 2. Purificatio s. Marie. — 3. Blasii, episc. et mart. —
5. Agathe virg. — 6. Vedasti et Amandi episc.
— 10. Scolastice virg. — 14. Valentini mart. —
22. Cathedra s. Petri apost. — 23. Milburge
virg. — 24. Mathie apost.

Martius. — 2. Simplicii pape. — 4. Adriani
mart. — 6. Victoris et Alexandri mart. —
7. Perpetue et Felicitatis. — 12. Gregorii pape.
— 17. Depositio sancti (sic) Geretrudis. —
18. Alexandri episc. — 20. Cuthberti episc.
— 21. Benedicti abb. — 23. Theodori presb.
— 25 Annunciatio s. Marie. — 29. Pastoris
et Victorini mart. — 30. Quirini mart.

Aprilis. — 4. Ambrosii episc. — 11. Gud-
laci conf. — 14. Tiburtii, Valeriani et Maxim.
— 19. Alphegi, ep. et mart. — 23. Georgii
mart. — 24. Wilfridi archiep. — 25. Marci
ewang. Letania major. — 28. Vitalis mart.

Maius. — 1. Philippi et Jacobi. — 3. Inventio s. crucis. — 6. Johannis ante portam
latinam. — 7. Johannis archiep. — 10. Gordiani
et Epimachi mart. — 12. Nerei, Achilei atque

Pancratii. — 19. Dunstani episc. — 20. Adel-
berti, regis et mart. — 25. Urbani episc. —
26. Augustini, Anglorum episc.

Junius. — 2. Marcelli et Petri mart. —
8. Medardi et Gildardi. — 9. Primi et Feliciani. — 11. Barnabe apost. — 12. Basilidis,
Cyrini, Naboris et Nazarii. — 14. Basilii, ep.
et conf. — 15. Viti et Modesti. — 16. Cirici
et Julite, matris ejus. — 17. Botulfi abb. —
18. Marci et Marcelliani mart. — 19. Gervasii et Prothasii. — 21. Leufredi abb. —
22. Albani mart. — 23. Edeldride virg. —
24. Nativitas s. Johannis Baptiste. — 26. Johannis et Pauli, mart. — 28. Leonis pape.
— 29. Petri et Pauli. — 30. Commemoratio
s. Pauli.

Julius. — 1. Oct. s. Johannis. — 2. Swithuni ep. — 4. Translatio s. Martini. — 6. Oct.
apostolorum. — 7. Obitus Henrici, regis Anglorum, patris domini G. Eboracensis archiepiscopi[1]. — 8. Grimbaldi conf. — 10. Septem
fratrum. — 11. Translatio s. Benedicti. — 17. Kenelmi, regis et mart. — 20. Margarete, virg.
et mart. — 21. Praxedis virg. — 22. Marie Magdalene. — 23. Apollinaris mart. — 24. Cristine virg. — 25. Jacobi apost. — 27. Septem dormientium. — 28. Pantaleonis mart.,
et Samsonis ep. — 29. Simplicii, Faustini et
Beatricis. — 30. Abdon et Sennes. — 31. Germani ep.

Augustus. — 1. Ad vincula s. Petri. —
2. Stephani pape. — 3. Inventio corporis s.
Stephani. — 5. Oswaldi, regis et m. — 6. Sixti,
Felicissimi et Agapiti m. — 7. Donati, ep.

____

[1] Note ajoutée peu après la copie du ms.

et m. — 8. Ciriaci m., cum sociis suis. — 9. Romani m. — 10. Laurentii m. — 11. Tiburtii m. — 13. Ypoliti m. — 14. Eusebii ep. — 15. Assumptio s. Marie. — 17. Oct. s. Laurentii. — 18. Agapati m. — 19. Magni m. — 22. Oct. s. Marie. — 24. Bartholomei apost. — 27. Ruffi m. — 28. Augustini magni. — 29. Decollatio s. Johannis Bapt. — 30. Felicis et Adaucti m. — 31. Aidani, ep. et conf.

Septembris. — 1. Egidii, abb. et conf. — 5. Translatio s. Cuthberti ep. — 7. Evurtii, ep. et conf. — 8. Nativitas b. Marie v. — 9. Gorgonii m. — 11. Proti et Jacincti m. — 14. Exaltatio s. crucis. — 15. Oct. s. Marie. — 16. Eufemie v. — 17. Lamberti, ep. et m. — 21. Mathei, apost. et euvang. — 22. Mauricii, cum sociis suis mart. — 23. Tecle v. — 24. Conceptio s. Johannis Bapt. — 25. Firmini, ep. et m. — 26. Justine v. — 27. Cosme et Damiani m. — 29. Michaelis archang. — 30. Jeronimi, presb. et conf.

October. — 2. Leodegarii ep. — 6. Fidis, v. et m. [Obiit Aldefonsus, rex Castelle et Toleti[1]]. — 9. Dionisii, cum sociis suis. — 10. Paulini, ep. et conf. — 11. Translatio s. Augustini ep. — 12. Wilfridi, ep. et conf. —

14. Calixti pape. — 15. Vulfranni ep. — 16. Michaelis. — 17. Translatio s. Etheldride v. — 18. Luce evang. — 19. In Colonia XI milia virginum. — 23. Romani, ep. et conf. — 25. Crispini et Crispiniani m. — 28. Symonis et Jude, apost. — 31. Quintini m.

November. — 1. Festivitas Omnium sanctorum. — 2. Commemoratio animarum. — 6. Leonardi, abb. et conf. — 8. Quatuor coronatorum martirum. — 9. Theodori m. — 10. Martini pape. — 11. Martini, ep. et conf. — 13. Bricii, ep. et conf. — 15. Machuti ep. et conf. — 18. Martini. — 20. Ædmundi, regis et m. — 22. Cecilie, v. et m. — 23. Clementis m. — 24. Grisogoni m. — 25. Katerine, v. et m. — 26. Lini, pape et m. — 29. Saturnini m. — 30. Andree apostoli.

December. — 1. Crisanti et Clarie m. — 3. Birini ep. — 6. Nicholai ep. — 7. Oct. s. Andree. — 11. Damasi pape. — 13. Lucie, v. et m. — 21. Thome apost. — 25. Nativitas Domini nostri Jhesu Christi. — 26. Stephani prothom. — 27. Johannis, apost. et evang. — 28. Innocentium. — 29. Thome, archiep. Cantuariensis. — 31. Silvestri pape.

VII

NOMENCLATURE DES FÊTES MENTIONNÉES DANS LE CALENDRIER DU PSAUTIER
ATTRIBUÉ À SAINT LOUIS ET À LA REINE BLANCHE.

Januarius. — 1. Circumcisio Domini. — 3. Genovefe v. — 6. Epiphania Domini. — 13. Octave Epiphanie. Hylarii. — 14. Felicis. — 15. Mauri abb. — 16. Marcelli pape. — 17. Sulpicii ep. — 18. Prisce v. — 19. Launomari abb. — 20. Fabiani et Sebastiani m. — 21. Agnetis v. — 22. Vincentii m. — 25. Conversio s. Pauli. — 28. Agnetis secundo.

Februarius. — 1. Brigide v. — 2. Purificatio b. Marie. — 6. Medasti (sic) et Amandi, episcoporum. — 10. Scolastice v. — 22. Cathedra s. Petri. — 24. Mathie apostoli.

Martius. — 1. Albini conf. — 10. Geretrudis v. — 12. Gregorii pape. — 18. Edwardi, regis et m. — 20. Cuthberti ep. — 21. Benedicti abb. — 25. Annuntiatio dominica. — 27. Resurrectio Domini.

[1] Note ajoutée au XIII° siècle.

Aprilis. — 2. Marie egyptiace. – 13. Tiburcii et Valeriani m. – 22. Inventio sanctorum Dionisii, Rustici et Eleutherii. – 25. Marci evangeliste. – 28. Vitalis m.

Maius. — 1. Apostolorum Philippi et Jacobi. – 3. Inventio s. crucis. – 6. Johannis ante portam latinam. – 26. Augustini ep. – 28. Germani ep.

Junius. — 1. Nicomedis m. – 2. Marcelli et Petri m. – 8. Medardi et Gildardi ep. – 11. Barnabe ap. – 15. Viti et Modesti m. – 16. Cirici et Julitte m. – 18. Marci et Marcelliani m. – 22. Albani m. – 23. Vigilia. – 24. Nativitas s. Johannis Baptiste. – 26. Johannis et Pauli. – 28. Vigilia. – 29. Apostolorum Petri et Pauli. – 30. Commemoratio s. Pauli.

Julius. — 2. Processi et Martiniani m. – 4. Ordinatio s. Martini et translatio. – 10. Septem fratrum. – 11. Benedicti abb. – 18. Arnulfi m. – 20. Margarete v. – 22. Marie Magdalene. – 24. Cristine v. – 25. Jacobi ap. – 29. Felicis, Simplicii, Faustini et Beatricis. – 31. Germani ep.

Augustus. — 1. Ad vincula s. Petri. – 2. Stephani, pape et m. – 3. Inventio s. Stephani prothom. – 5. Oswaldi, regis et m. – 6. Transfiguratio Domini. – 7. Donati m. – 9. Romani m. Vigilia. – 10. Laurentii. – 11. Tiburtii m. – 13. Ypoliti m. – 14. Eusebii conf. Vigilia. – 15. Assumptio b. Marie v. – 17. Octave s. Laurentii. – 18. Agapiti m. Helene v. – 19. Magni m. – 20. Philiberti abb. – 22. Octave b. Marie. Timothei et

Simphoriani. – 23. Timothei et Apollinaris. – 24. Bartholomei ap. – 28. Augustini. Heremetis m. – 29. Decollatio s. Johannis. – 30. Felicis et Audacti.

September. — 1. Egidii abb., et Lupi. – 8. Nativitas s. Marie. – 9. Gorgonii m. – 11. Proti et Jacincti. – 14. Exaltatio s. crucis. – 21. Mathei ap. – 22. Mauricii sociorumque ejus. – 29. Michaelis. – 30. Jeronimi presb.

October. — 1. Remigii ep. – 2. Leodegarii, ep. et m. – 4. Auree v. – 7. Marci, Marcelli, Apulei, Sergii et B. – 9. Dionisii, Rustici et Eleutherii m. – 14. Calixti pape. – 16. Octava s. Dionisii. – 18. Luce evang. – 24. Maglorii ep. – 25. Crispini et Crispiniani m. – 27. Vigilia. – 28. Apostolorum Symonis et Jude m. – 31. Quintini m.

November. — 1. Festivitas Omnium sanctorum. – 2. Commemoratio fidelium. – 5. Leonardi abb. — 8. Quatuor coronatorum. – 9. Theodori m. – 11. Martini ep. – 13. Bricii et Gendulfi ep. – 20. Edmundi regis et m. – 23. Clementis m. – 24. Grisogoni m. – 25. Katerine v. – 29. Saturnini m. Vigilia. – 30. Andree apostoli.

December. — 1. Eligii, ep. et conf. – 6. Nicholai ep. – 7. Octave s. Andree. – 11. Gentiani, Fusciani et Victorici. – 13. Lucie v. – 21. Thome apost. – 24. Vigilia. – 25. Nativitas Domini nostri Jhesu Christi. – 26. Stephani prothom. – 27. Johannis, apost. et evang. – 28. Innocentium. – 29. Thome, archiep. et m. – 31. Silvestri pape.

VIII

TABLE PASCALE DU MÊME PSAUTIER.

Ce tableau, qui n'occupe qu'une page, servait à trouver quel jour tombait la fête de Pâques, chacune des années comprises dans une période de 532 années (1116-1647) répondant à la combinaison du cycle solaire de 28 ans et du cycle lunaire de 19 ans, multipliés l'un par l'autre.

Pour construire ce tableau et le mettre en

harmonie avec le calendrier, on était convenu de désigner par une lettre déterminée, bleue ou rouge, chacun des 10 derniers jours du mois de mars et des 25 premiers jours du mois d'avril, c'est-à-dire des 35 jours de l'année auxquels peut être célébrée la fête de Pâques, du 22 mars au 25 avril. Voici les lettres assignées dans cette combinaison à chacun des trente-cinq jours, lettres qu'on peut appeler *lettres pascales :*

22 mars a[1]		3 avril k		15 avril v
23	b	4	l	16	*v*
24	c	5	m	17	x
25	d	6	*m*	18	y
26	*d*	7	n	19	z
27	e	8	o	20	*a*
28	*e*	9	p	21	*b*
29	f	10	q	22	*c*
30	g	11	*q*	23	k
31	h	12	r	24	*l*
1 avril *h*		13	s	25	ω
2	i	14	t		

Le tableau est divisé en 28 tranches horizontales et en 19 tranches verticales, de façon que chaque tranche verticale contient 28 cases et chaque tranche horizontale 19, soit en tout 532 cases.

Au haut du tableau, de petits titres indiquent, d'abord, le contenu de 4 colonnes ménagées sur la gauche de la page, puis le point de départ de chacune des 19 séries de 28 années, auxquelles se rapportent les lettres pascales inscrites dans les 28 cases de chacune des 19 tranches verticales.

Sur la gauche des tranches verticales, ont été ménagées 4 colonnes qui, pour toutes les années de chacune des séries de 19 ans, font connaître : la première, l'indication des années bissextiles; la deuxième, les concurrents; la troisième, la lettre dominicale des deux premiers mois des années bissextiles; la quatrième, la lettre dominicale des années communes et celles des dix derniers mois des années bissextiles.

Pour faire comprendre cette disposition, je reproduis les six premières tranches horizontales du tableau :

TABULA PASCHALIS.

	TABULA PASCHALIS.	CONCURRENTES.	LITTERAS	DOMINICALES.	1 M C XVI.	2 M C XLIIII.	3 M C LXXII.	4 M CC.	5 M CC XXVIII.	6 M CC LVI.	7 M CC LXXXIIII.	8 M CCC XII.	9 M CCC XL.	10 M CCC LXVIII.	11 M CCC LXXXXVI.	12 M CCCC XXIIII.	13 M CCCC LII.	14 M CCCC LXXX.	15 M D VIII.	16 M D XXXVI.	17 M D LXIIII.	18 M D XCII.	19 M DCXX.
1	B	VI	B	A	i	d	v	p	d	v	p	d	v	p	i	k	p	i	k	v	i	d	v
2		VII		G	d	v	o	d	v	o	d	v	o	h	c	o	h	c	o	h	c	v	h
3		I		F	t	h	c	t	n	c	t	n	h	t	n	h	b	n	h	b	t	h	b
4		II		E	g	a	s	m	b	s	m	b	s	m	g	a	m	g	a	m	g	a	s
5	B	IIII	D	C	y	q	i	ω	q	i	e	q	l	e	y	i	e	y	q	e	y	q	e
6		V		B	q	r	l	q	k	l	q	k	e	x	k	e	x	k	e	x	q	e	x

Prenons maintenant la première ligne horizontale du tableau : d'après les indications mises en tête des colonnes, elle se rapporte aux années 1116, 1144, 1172, 1200, 1228, 1256, 1284, 1312, 1340, 1368, 1396, 1424, 1452, 1480, 1508, 1536,

[1] Dans ce tableau, les minuscules romaines correspondent aux lettres bleues et les minuscules italiques aux lettres rouges.

1564, 1592 et 1620. Les indications mises au commencement de cette première ligne nous avertissent que les années 1116, 1144, 1162, 1200, etc., sont bissextiles, et que chacune d'elles a pour concurrents le chiffre VI, et pour lettre dominicale la lettre B, du 1ᵉʳ janvier au 23 février, et la lettte A du 24 février au 31 décembre. Les lettres pascales inscrites dans les 19 cases de cette première ligne nous apprennent que Pâques tombe les jours suivants :

2 avril (i) en 1116.   16 avril (v) en 1256.
26 mars (d) en 1144.   9 avril (p) en 1284.
16 avril (v) en 1172.   26 mars (d) en 1312.
9 avril (p) en 1200.   16 avril (v) en 1340.
26 mars (d) en 1228.   9 avril (p) en 1368.

2 avril (i) en 1396.   16 avril (v) en 1536.
23 avril (k) en 1424.   2 avril (i) en 1564.
9 avril (p) en 1452.   26 mars (d) en 1592.
2 avril (i) en 1480.   16 avril (v) en 1620[1].
23 avril (k) en 1508.

Passons à la seconde ligne horizontale : elle se rapporte aux années 1117, 1145, 1173, 1201, etc., auxquelles appartiennent les concurrents VII et la lettre dominicale G. La fête de Pâques est fixée au 25 mars (d) en 1117, au 15 avril (v) en 1145, au 8 avril (o) en 1173, au 25 mars (d) en 1201, etc.

Et ainsi de suite jusqu'à l'année 1647 dont la date de Pâques, d'après le calendrier non réformé, est indiquée dans la 532ᵉ et dernière case du tableau.

IX

NOTE SUR UN FRAGMENT DE MANUSCRIT ANGLAIS, QUI RENFERME UN TABLEAU SEMBLABLE AU FRONTISPICE DU CALENDRIER PRÉCÉDENT.

Le ms. latin 15170 de la Bibliothèque nationale consiste en débris de plusieurs manuscrits de l'abbaye de Saint-Victor. Les feuillets actuellement cotés 126-162 (jadis 73-87, 95-107 et 112-120) sont les restes d'un manuscrit plus considérable qui doit avoir été écrit en Angleterre vers le milieu du XIIᵉ siècle. Ils renferment un calendrier, suivi de tableaux et de traités de comput, qui sont, au moins en partie, l'œuvre de Gerlandus et de Helpricus : « Explicit Gerlandus usualis (fol. 146); — Incipit naturalis compotus Gerlandi magistri (fol. 146 vᵒ); — Incipit compotus Helprici de arte calculatoria (fol. 147). »

Le calendrier est précédé (fol. 126) d'un tableau représentant un astronome et un computiste. C'est le même sujet que celui qui forme le frontispice du Psautier décrit ci-dessus, p. 28, chapitre III.

L'origine anglaise du fragment qui forme la dernière partie du ms. 15170 est attestée par beaucoup d'articles du calendrier qui vont être rapportés, et mieux encore par les notes historiques consignées sur les marges d'un tableau de comput (fol. 137 vᵒ et 138).

CALENDARIUM.

xv kl. aprilis. Eduardi martiris.
xiii kl. aprilis. Cudberti episcopi.
iii id. aprilis. Guthlaci confessoris.
xiii kl. maii. Ælphegi archiepiscopi.
xiii kl. junii. Dunstani episcopi.
vii kl. junii. Augustini, Anglorum apostoli, et Bede presbyteri.
xv kl. julii. Botulfi abbatis.
x kl. julii. Albani martyris.
ix kl. julii. Adeldrithe virginis.
vi no. julii. Swithuni episcopi.
viii id. julii. Grimbaldi, presbiteri et confessoris.

---

[1] Il est bien entendu que les dates de Pâques 1592 et 1620 sont indiquées, ici, suivant le système du calendrier non réformé.

IIII id. julii. Ermagore episcopi.
III id. julii. Mildrithe virginis.
Idus julii. Translatio s. Suithuni episcopi.
XVII kl. aug. Eustachii episcopi.
XVI kl. aug. Kenelmi, regis et martyris.
XV kl. aug. Eadburge virginis.
IIII no. aug. Inventio Albani.
Non. aug. Oswaldi regis.
XIII kl. sept. Philiberti abbatis, et Oswini
regis.
IIII non. sept. Mansueti episcopi.
II non. sept. Translatio Cudberti episcopi.
IIII id. sept. Translatio s. Adelwoldi.
XVI kl. octobris. S. Edithe virginis.
IIII kl. oct. Salonis episcopi.
Non. oct. S. Osithe virginis.
IIII id. oct. Wilfridi episcopi.
X kl. nov. S. Adelflede virginis.
XII kl. dec. Eadmundi, regis et martyris.
III non. dec. Birini episcopi.
XIX kl. jan. Spercidionis episcopi.
XI kl. jan. Schirionis martyris.

ANNALES.

Anno M⁰ c⁰ rex Guillelmus occisus est, et Henricus, frater ejus, in regnum susceptus, qui annus post peregrinationem in Hierusalem est quintus.

MCVI. Hoc anno bellum Tenerchebrai. Rex Henricus devicit.

MCXIIII. Hic incensa est ecclesia Sancte Trinitatis.

MCXVIII. Hic obiit Matildis regina.

MCXXI. Hic annus est LVI adventus Normannorum, et XLII post nimium ventum.

MCXXIII. Obitus Radulfi episcopi[1].

MCXXV. In hoc anno magna fuit in Anglia fames, et fuerunt omnes monetarii strangulati, et concilium apud Lundonam habitum, sub Johanne Cremensi cardinali, 1° anno Honorii pape.

MCXXXV. Hic mortuus est rex Henricus kalendis decembris, et mox est Stephanus in regem susceptus.

MCXXXVI. Hic contigit eclipsis solis kalendis junii, circa vesperam, quando luna XXVII erat, luna in Geminis existente et sole similiter.

X

CALENDRIER DES PETITS PSAUTIERS DE SAINT LOUIS.

Le texte en a été établi d'après le ms. latin 10525 de la Bibliothèque nationale et d'après celui du cabinet de M. Henry Yates Thompson. J'ai mis entre crochets [ ] les articles ou les mots qui sont absents du premier de ces manuscrits et qui se lisent dans le second.

Les mentions relatives à l'astronomie, au comput, aux jours égyptiaques et aux anniversaires des membres de la famille royale sont imprimées en caractères italiques.

Jani prima dies et septima fine timetur.
Januarius habet dies XXXI, luna XXX.

1. Circumcisio Domini, duplum. *Dies.*
2. Oct. s. Stephani, III lectiones[2]; si dominica fuerit, IX l.

3. Genovefe virg. [IX l.] Oct. s. Johannis.
4. Oct. sanctorum Innocentum, [III l.]; si dominica fuerit [IX l.].
5. Oct. s. Thome, episcopi et m. Symeonis conf. Missa de vigilia.
6. Epyphania Domini, annuum festum.
7. *Hic ponuntur claves LXX⁵.*
8. Luciani et Maxiani et Juliani m.
9. Guillelmi, Bituricensis archiepiscopi, semiduplum.
13. Oct. Epyphanie, duplum. Hylarii et Remigii episcoporum, memoria.
14. Felicis in Pincis, III l.
15. Mauri abb., III l. Boniti, ep. et conf., mem.
16. Marcelli, pape et m., III l. Fursei conf., mem.
17. Antonii abb. Pseusippi, Eleusippi, Meleusippi m., III l. Sulpici ep.

[1] Probablement Raoul, évêque de Chichester.
[2] J'ai reproduit les formes abrégées *III l., IX l.,* par lesquelles sont désignées, dans les manuscrits, les fêtes dont l'office contenait trois ou neuf leçons.

18. Prisce virg., III l. *Sol in aquario. Inicium LXX*.
19. Launomari abb.
20. Fabiani et Sebastiani, IX l.
21. Agnetis virg., IX l.
22. Vincencii m., semiduplum.
23. Emerentiane virg., III l.
24. Babile sociorumque ejus, III l.
25. Conversio s. Pauli, duplum. Prejecti m., mem. *Dies*.
26. Policarpi, ep. et m., III l.
27. Juliani, ep. et conf., IX l. Johannis, ep. et conf.
28. Agnetis secundo, III l. [1].
29. Paule matrone, III l.
30. Batildis regine, III l.; si dominica fuerit, IX l.
31. Metranni m.

———

Quarta subit mortem, prosternit [2] *tercia fortem.*
Februarius habet dies XXVIII, luna XXIX.

1. Ignatii ep., III l. Brigide v., [mem.].
2. Purificatio b. Marie, annuum festum.
3. Blasii, ep. et m., duplum.
4. *Dies.*
5. Agathe, v. et m., IX l.
6. Vedasti et Amandi ep., III l.
7.
8. *Obitus Roberti comitis Attrenbatensis. — Inicium XL*.
9.
10. Scolastice v., III l.
11.
12. Eulalie, v. et m., [mem.].
14. Marci, Valentini m., III l.
15.
16.
17. *Sol in piscis* (sic). *Ultimus terminus LXX*.
18. Adam hic peccavit.
19.
20.
21.
22. Cathedra s. Petri, [IX l.]. *Initium veris.*
23.

24. Mathie apost., duplum. [*Locus bisexti. Mutatur concurrens.*]
25.
26. *Dies.*
27. Honorine, v. et m.
28.

———

Primus mandentem [3] *disrumpit, quarta bibentem.*
Marcius habet dies XXXI, luna XXX.

1. Albini, ep. et conf., mem. *Hic mutantur concurrentes. Dies.*
2.
3.
4.
5.
6. *Ultima incensio lune.*
7. *Prima incensio tune.*
8.
9.
10.
11. *Clavis pasche.*
12. Gregorii pape, IX l.
13.
14.
15.
16.
17. Gertrudis virg., mem. *Sol in ariete.*
18. *Primus dies seculi. Hic mutantur anni ab origine mundi.*
19.
20. *Equinoctium.*
21. Benedicti abb.
22. *Primum pascha. Sedes epactarum. Hic incipit ciclus decennovenalis.*
23.
24. *Locus concurrentium.*
25. Annunciatio Domini, annuum festum. *Adam psalmatus* (sic). *Christus passus est.*
26.
27. Resurrectio Domini, annuale festum.
28. *Dies.*
29.
30.
31.

[1] Dans le ms. de Paris, le nom de *Karolus magnus* a été ajouté en caractères du XIVe siècle.
[2] *Post sternit* dans le ms. de Paris.
[3] *Madentem* dans le ms. de Paris. — L'autre ms. contient un second vers indiquant les jours égyptiaques du mois : *Martis prima necat, cujus sub cuspide quarta est.*

Denus et undenus est mortis vulnere plenus.
Aprilis habet dies XXX, luna XXIX.

1.
2.
3.
4. Ambrosii, ep. et conf., III l.
5.
6.
7.
8.
9.
10. *Dies.*
11. Leonis, pape et conf., mem.
12.
13. Eufemie v., III l.
14. Tyburcii, Valeriani et Maximiani m., III l.
15. *Claves rogationum.*
16.
17. *Sol in tauro.*
18.
19.
20. [*Dies*].
21.
22. Inventio corporum Dyonisii sociorumque ejus, duplum. Oportune virg., [mem.].
23. Georgii m., IX l. Reguli ep., [mem.].
24.
25. Marci evang., IX l. Letania major. *Ultimum pascha.*
26. Dedicatio sancte capelle Par., annuum festum.
28. Vitalis m., III l.
29. Petri m., IX l.[1]
30.

Tercius occidit, et septimus ora relidit[2].
Maius habet dies XXXI, luna XXX.

1. Phylippi et Jacobi apost., duplum. Amatoris, mem.
2. Oct. dedicationis ecclesie, duplum.

3. Inventio sancte crucis, annuum festum. Alexandri, Eventii et Theodori m.
4. Quiriaci, ep. et m.[3], IX l.
5. Fortunati, ep. et conf., mem.
6. Johannis ante portam latinam[4], IX l.
7.
8.
9.
10. Gordiani et Epimachi m., III l. Maturini conf. [mem.].
11. Mamerti, ep. et conf., mem. Maiolis abb., mem.
12. Nerei et Achillei et Pancracii m., III l.
13.
14.
15.
16. Honorati, ep. et conf., mem. Adventus Spiritus sancti.
17.
18. *Sol in geminis.*
19. Potentiane virg., mem.
20.
21.
22.
23.
24. Donatiani et Rogatiani m., III l.
25. Urbani, pape et m., III l. *Initium estatis.*
26.
27.
28. Germani, ep. Parisiensis, semiduplum. [Caurani m., mem.]
29.
30.
31. Cancii, Canciani et Cancianille m., III l. Petronille virg., mem.

Denus palescit, quindenus federa nescit[5].
Junius habet dies XXX, luna XXIX.

1. Nichomedis m., [III l.]
2. Marcellini et Petri m., [III l.]

---

[1] Dans le ms. de M. Thompson, cet article se présente sous cette forme : *Petri martyris qi IX l.*, avec un signe abréviatif sur les lettres *qi* (*quasi?*). Conf. les articles du 4 et du 6 mai.

[2] A la suite du vers : *Tercius occidit...*, le ms. de M. Thompson en ajoute un second : *Tercius in maio lupus est, et septimus anguis.*

[3] Avant les mots *IX lect.*, le ms. de M. Thompson nous offre le mot abrégé *qi*, dont un autre exemple a été signalé à l'article du 29 avril. Voir aussi au 6 mai.

[4] Ici encore la note *qi*, dans le second psautier.

[5] Le ms. de M. Thompson consacre un second vers aux jours égyptiaques du mois de juin : *Junius decimo quindecimo fine salutat.*

3. *Ultima incensio lune.*
4.
5.
6.
7.
8. Medardi et Gildardi episcoporum, iii l.
9. Primi et Feliciani m., iii l.
10. Landerici, ep. et conf., ix l.
11.
12. Basilidis, Cirini, Naboris, Nazarii et Celsi m., iii l.
13.
14. Basilii ep., ix l. Rufi et Valerii m. *Solsticium.*
15. Viti, Modesti et Crescentie m., iii l.
16. Cirici et Julite, matris ejus, iii l. *Sol in cancro*[1]. [*Dies.*]
17. Aviti abbatis, iii l.
18. Marci et Marcelliani m., iii l. Fortunati episc., mem. Marine virg., mem.
19. Gervasii et Prothasii m., iii l.
20. *Solsticium estivale.*
21. Leufredi abb., [ix l.]
22. Paulini, ep. et conf., iii l.
23. Missa de vigilia.
24. Nativitas s. Johannis Bapt., duplum. [Agriberti et Agoardi, mem.]
25. Translatio s. Eligii, ix l.
26. Johannis et Pauli m., iii l.; si dominica fuerit, ix l.
27.
28. Leonis pape, mem. Missa de vigilia.
29. Apostolorum Petri et Pauli, duplum.
30. Commemoratio s. Pauli, duplum. Marcialis ep., mem.

—————

Tredecimus mactat julii, decimus labefactat.
Julius habet dies XXXI, luna XXX.

1. Oct. s. Johannis Baptiste, ix l. Leonori, ep. et conf.
2. Processi et Martiniani m.
3.
4. Translatio et ordinatio s. Martini, [ix l.]
5.
6. Oct. apostolorum, ix l.
7. Translatio s. Thome m., ix l. Claudii sociorumque ejus, mem.

8. Nunnii conf., iii l.
9. Zenonis m., mem.
10. Septem fratrum, iii l.
11. Translatio s. Benedicti, ix l.
12.
13. Turiavi, ep. et conf., ix l. *Dies.*
14. *Obitus Philippi regis Francorum.*
15. *Dies caniculares hic incipiunt.*
16.
17. *Sol in leone.*
18. Arnulfi, ep. et m., ix l.
19.
20. Margarete, v. et m., iii l.
21. S. Victoris m., ix l. Praxedis virg., mem.
22. Marie Magdalene, duplum. Wandregisili abb., mem.
23. Appollinaris, virg. et m., iii l.
24. Cristine, virg. et m., iii l.
25. Jacobi apost., duplum. Christofori et Cucufatis m., mem.
26. Translatio s. Marcelli, ep. et conf., ix l.
27. Transfiguratio Domini, iii l.; si dominica fuerit, ix l.
28. Anne, matris b. Marie virg., ix l. Pantaleonis m., mem. [Sansonis episc., mem.]
29. Felicis, Simplicii, Faustini et Beatricis m., iii l. Lupi et Guillelmi, episcoporum et conf., mem.
30. Abdon et Sennes m., iii l.
31. Germani, Antisiodorensis ep., ix l.

—————

Percutit ut funda lux prima diesque secunda.
Augustus habet dies XXXI, luna XXX.

1. Ad vincula s. Petri, ix l. Machabeorum m., mem. Eusebii m., mem. [Exuperii ep., mem. Fidei et Spei et Caritatis et Sapientie, matris earum, mem.]
2. Stephani, pape et m., iii l.
3. Inventio s. Stephani, cum sociis suis, semiduplum.
4.
5. Dominici conf., ix l. Ynnii m., mem. Mennii, ep. et conf., mem.
6. Sixti, ep. et m., iii l. Felicissimi et Agapiti m.
7. Donati, ep. et m., iii l.

—————

[1] *Sol in tauro* dans le ms. de Paris.

8. Justini m., ix l. Ciriaci, Largi et Smaragdi m.

9. Romani m., iii l. Missa de vigilia.

10. Laurentii m., semiduplum.

11. Sollempnitas sancte corone. Annuum festum.

12. Tyburcii m., mem.

13. Ypoliti sociorumque ejus, ix l.

14. Eusebii presb., mem.

15. Assumptio b. Marie virg., annuum festum.

16.

17. Octave s. Laurentii m.

18. Octave sancte corone, duplum.

19.

20. Philiberti abb.

21.

22. Octave b. Marie, duplum. Thimotei et Simphoriani m.

23. Timothei et Apollinaris m., mem.

24. Bartholomei apost., duplum. Audoeni, ep. et conf., mem.

25. Bernardi, abb. Clarevallensis, semid. Genesi m., mem. [1].

26. Herenei et Habundi m., iii l.

27. Georgii et Aurelii m., ix l. Rufi m., mem.

28. Augustini, ep. et conf., semid. Hermetis et Juliani m., mem.

29. Decollatio s. Johannis Baptiste, duplum. Sabine virg., mem. [Mederici abb., mem.]

30. Felicis et Audacti m., iii l. Agili et Fiacri conf., mem.

31.

6.

7. Glodaldi conf., ix l. Godograndi, ep. et m., mem. [3].

8. Nativitas beate Marie virg., annuum festum. Adriani m., mem.

9. Gorgonii m., mem.

10.

11. Prothi et Jacincti m., mem.

12. Siri et Juventii conf., mem.

13. Mauricii, ep. et conf., mem.

14. Exaltatio sancte crucis, annuum festum. Cornelii et Cypriani m.

15. Oct. b. Marie, duplum. Nichomedis m., mem.

16. Eufemie, v. et m,, mem. Lucie et Geminiani m., mem.

17. Lamberti, ep. et m., mem. [*Sol in libra.*]

18.

19. Oct. s. crucis, duplum. Signi conf., mem.

20. Vigilia. *Equinoctium autumpnale.*

21. Mathei, apost. et evang., duplum. *Dies.*

22. Mauricii sociorumque ejus, ix l.

23. Tecle, v. et m., iii [l.]. Paterni, ep. et conf., mem.

24. Antochii, Tyrsi et Felicis m., mem.

25. Firmini, ep. et conf., iii l.

26. Senatoris, ep. et conf., mem.

27. Cosme et Damiani m., ix l. Cerauni, ep. et conf., mem.

28.

29. Sancti Michaelis archangeli, duplum.

30. Translatio sacrosanctarum reliquiarum, annuum festum.

Tercia septembris et denus sunt mala membris [2].
September habet dies xxx, *luna* xxx.

1. Egidii abbatis, semiduplum. [Prisci m., mem.]

2. Antonini m., iii l.

3. Lupi, ep. et conf., ix l. [Godograndi, ep. et m., mem.]

4. Marcelli m., mem.

5. Victorini, ep. et m., iii l. Bertini abb., mem.

Tercius et denus est sicut mors alienus.
October habet dies xxxi, *luna* xxx.

1. Remigii, ep. et conf., ix l. [Germani et Vedasti et Bavonis, mem.].

2. Leodogari ep., ix l. Sereni conf., mem.

3. Francisci, ix l. Candidi m., mem. *Dies.*

4. Auree virg., ix l.

5. Jeromini presb., ix l.

6. Fidis, v. et m., mem.

7. Oct. translationis reliquiarum, duplum.

[1] Le nom de *Ludovicus* a été ajouté en caractères du xive siècle dans le ms. de Paris.

[2] La leçon plus habituelle est *fert mala membris.*

[3] Dans le ms. de M. Thompson, la mention *Godograndi* est à la fois au 3 et au 7 septembre.

Marci pape, mem. [Sergi, Bacchi, Marcelli et Apulei, mem.]

8. Symeonis conf., ix l. Demetrii m., mem. Vigilia.

9. Dyonisii, Rustici et Eleutherii m., annuum festum.

10. Gereonis sociorumque ejus m.

11. Nichasii, Quirini et Firmini, ep., mem.

12.

13.

14. Calixti, pape et m., mem.

15.

16. Oct. Dyonisii, duplum. [Luciani, Marciani et Juliani, m.]

17. Gerbonii, ep. et conf.

18. Luce evang., ix l. Erblandi conf., mem. *Sol in scorpione.*

19. Savi[ni]ani et Potentiani sociorumque eorumdem, ix l.

20. Caprasii m., mem.

21. Undecim milium virg., ix l.

22. Hylarionis monachi, iii l. Mellonis, ep. et conf., mem. *Dies.*

23. Severini, ep. et conf., iii l.

24. Maglorii, ep. et conf., ix l.

25. Crispiniani et Crispini[1] m., iii l. Lupi, ep. et conf., mem.

26.

27. Vigilia.

28. Symonis et Jude, apost., duplum. Faronis ep., mem. Translatio Genovefe, virg., mem.

29.

30. Lucani m., ix l.

31. Quintini m., iii l.; si dominica fuerit, ix l. Vigilia.

____

Scorpius est quintus et tercius ad male cunctus[2].
November habet dies xxx, *luna* xxix.

1. Festivitas Omnium sanctorum, annuum festum.

2. Commemoratio omnium fidelium defunctorum, duplum.

3. Marcelli, ep. Parisiensis, duplum. Guinalis abbatis, mem.

4. Clari m., mem. *Dies.*

5. Leti presb., mem.

6.

7. Herculani, ep. et m.

8. *Obitus Ludouici, regis Francorum.* Oct. S. Marcelli, ix l. [Quatuor coronatorum.]

9. Maturini conf., ix l. Theodoris[3] m., mem.

10. Martini et Verauni, episc. et conf., iii l.

11. Martini, ep. et conf., duplum. Menne m., mem.

12. Leonis conf., mem.

13. Gendulfi, ep. et conf., ix l. Briccii, ep. et conf., mem.

14.

15. Eugenii m., mem. Macuti, ep. et conf., mem.

16. Edmundi, ep. et conf., ix l.

17. Aniani, ep. et conf., ix l. *Sol in sagittario.*

18. Oct. s. Martini, ix l. Aude virg., mem.

19. Sancte Elyzabeth, ix l.

20.

21. Columbani abb., mem.

22. Cecilie, virg. et m., ix l.

23. Clementis, pape et m., duplum.

24. Severini monachi, ix l. [Grisogoni m., mem.]

25. Katherine v., semiduplum.

26. Genovefe virg., de miraculo, ix l. Marcelli ep., mem.

27. Agricole et Vitalis m., mem. *Obitus Blachie*[4], *regine Francorum.*

28. Oct. s. Clementis, ix l.

29. Saturnini, ep. et m., mem. Vigilia.

30. Andree apostoli, duplum.

____

Septimus exanxius[5] *virosus* [*denus*] *ut anguis.*
December habet dies xxxi, *luna* xxix.

1. Eligii, ep. et conf., ix l.

2.

---

[1] *Crispini et Crispiniani* dans le ms. de **M.** Thompson.
[2] Les deux mss. portent bien *ad male cunctus.* On lit dans le psautier d'Ingeburge : *est nece cinctus.*
[3] *Theodoris* dans les deux mss.
[4] *Blanchie.* Ms. de **M.** Thompson.
[5] La leçon *exanxius,* au lieu de *exanguis,* est dans les deux mss. qui, l'un et l'autre, omettent dans ce vers le mot *denus.*

3.
4. Parisius susceptio reliquiarum.
5.
6. Nicholai, ep. et conf., duplum.
7. Oct. s. Andree, mem. Fare virginis,
memoria *Dies*.
8.
9.
10. Eulalie, virg. et m., mem.
11. Germani et Fusciani et Victorici m.,
ix l. Damasi pape, mem.
12.
13. Lucie, v. et m., ix l.
14.
15. Maximi abbatis, mem. O sapientia.
16.

17.
18. *Sol in capricornio.*
19.
20.
21. Thome apostoli, duplum.
22.
23.
24. Vigilia. Sine prostrata.
25. Nativitas Domini, annuum festum. Anas-
tasie v., mem.
26. Stephani prothom., duplum.
27. Johannis, apost. et evang., duplum.
28. Sanctorum Innocentium, duplum.
29. Thome m., duplum.
30.
31. Silvestri pape, ix l. Columbe virg., mem.

XI

NOTICE SUR UN PSAUTIER DU XIIIe SIÈCLE
AYANT APPARTENU À JEANNE DE NAVARRE, REINE D'ANGLETERRE.

Le volume que je vais essayer de décrire m'a été fort gracieusement communiqué par le comte de Crawford, dont le nom restera attaché à la formation d'une des plus belles bibliothèques du xixe siècle : *Bibliotheca Lindesiana.*

Parmi les volumes que lord Crawford a bien voulu me montrer, j'ai remarqué un psautier du xiiie siècle, jadis possédé par sir Henry Mainwaring baronet. Je ne saurais en indiquer exactement l'origine; mais je soupçonne qu'il a dû être exécuté par un scribe et par un ou plusieurs enlumineurs de l'école parisienne, sous le règne de saint Louis, pour un membre de la famille royale, ou pour un des grands vassaux ou des grands dignitaires de la couronne. Il se compose, gardes comprises, de 170 feuillets de parchemin, hauts de 262 millimètres et larges de 165.

Le livre s'ouvre par un calendrier, incomplet des deux feuillets qui se rapportaient aux mois de janvier, de février, de septembre et d'octobre. En dépit du titre *Psalterium anglo-normann.* doré au dos du volume, le calendrier n'a rien d'anglais ni rien de normand. On y trouve bien la mention de saint Oswald, du roi saint Edmond et de saint Thomas de Cantorbéry; mais on y chercherait en vain les noms de saint Cuthbert, de saint Dunstan et de beaucoup d'autres grands saints de l'église anglo-saxonne. Les saints des liturgies normandes sont aussi pour la plupart absents. Par contre, la liturgie parisienne est largement représentée.

x kl. maii. Inventio corporum Dionysii sociorumque ejus. Oportune.
iiii id. junii. Landerici, episcopi et confessoris. Getulii martyris. Censurii.
xi kl. julii. Sancti Leufredi abbatis.
vii kl. julii. Translatio sancti Eligii, episcopi et confessoris.
iii id. julii. Turiavi, episcopi et confessoris, et aliorum.
vii kl. augusti. Translatio sancti Marcelli, episcopi et confessoris. Duplum.
Id. novembris. Briccii episcopi, et sancti Gendulfi, episcopi et confessoris.

vi kl. decembris. Genovefe virginis, et sancti Marcelli episcopi.

iii non. decembris. Parisius susceptio reliquiarum [1].

Ce calendrier a été exécuté avec un grand luxe. On a tenu à ce que chaque ligne en fût remplie dans toute la longueur. Les articles en sont écrits en quatre couleurs, qui se succèdent régulièrement, or, bleu, vermillon et vert, alternance qui forme un ensemble aussi éclatant qu'harmonieux.

Les mentions relatives à saint Thomas de Cantorbéry ont été grattées, comme aussi la qualification de *pape,* qui suivait les noms de saint Luce, de saint Grégoire, de saint Sixte, de saint Léon et des autres souverains pontifes.

Après le calendrier vient une suite de miniatures peintes sur des feuillets dont le côté opposé à la peinture est resté blanc. Ces miniatures remplissent sur chaque page un cadre haut de 153 millimètres et large de 105, cadre dans lequel sont inscrits comme il suit dix compartiments, huits ronds et deux en forme de losange, avec un petit médaillon au milieu, chacun des compartiments en losange reliant les quatre compartiments ronds auxquels il est superposé par les extrémités :

1. rond.	2. rond.
3. losange.	
4. rond.	5. rond.
Médaillon.	
6. rond.	7. rond.
8. losange.	
9. rond.	10 rond.

Les petits médaillons placés au centre de chaque page renferment des figures ou des ornements décoratifs. Dans les compartiments ronds ou en forme de losange sont représentées des scènes de l'histoire évangélique, avec des légendes explicatives tracées en bleu et en rouge sur les marges du haut, du bas et des côtés.

La série des tableaux est loin d'être complète. Un premier feuillet a disparu; il devait contenir dix petits cadres consacrés à la représentation des premières scènes de l'histoire évangélique : l'Annonciation, la Visitation, etc. Il est impossible de déterminer l'étendue des autres lacunes que nous avons à déplorer. Il ne subsiste plus que cinq groupes de tableaux, dont je vais indiquer brièvement les sujets, en reproduisant les légendes qui les expliquent :

I (fol. 9 v°). La Nativité. L'Adoration des bergers. La Circoncision. La Présentation au Temple. Le Voyage des Mages.

1. Et pannis eum involvit et reclinavit eum in presepio. (Luc., ii, 7.)

2. Et ecce angelus Domini ad pastores dicens : « Evangelizo vobis gaudium magnum. » (*Ibid.,* 9 et 10.)

3. Pastores loquebantur ad invicem : « Transeamus usque Bethleem.» (*Ibid.,* 15.)

4. Et venerunt festinantes, et invenerunt puerum cum Maria, matre ejus. (*Ibid.,* 16.)

5. Tunc reversi sunt pastores, et dicunt : « Gloria in excelsis quia. » (*Ibid.,* 20.)

6. Postquam consummati sunt dies octo, ut circumcideretur puer, vocatum est nomen est (*sic*) Jhesus. (*Ibid.,* 21.)

7. Obtulerunt Jhesum in Templo, et Symeon accepit eum in ulnas suas. (*Ibid.,* 22 et 28.)

8. Cum natus esset Jhesus in Bethleem Jude, tres magi venerunt ab Oriente Jerosolimam, dicentes : « Ubi est! » (Matth., ii, 2.)

9. Turbatur Herodes, et vocans principes sacerdotum sciscitabatur ab eis ubi Christus natus esset. At illi dixerunt : «In Bethleem Jude.» (*Ibid.,* 4 et 5.)

10. Tunc Herodes, clam vocatis magis : « Usque ad illum locum ite et interrogate. » (*Ibid.,* 7 et 8.)

---

[1] Les saints dont l'invention des reliques était célébrée à Paris le 4 décembre sont indiqués dans la première leçon de l'office de ce jour que nous offre un bréviaire de Paris ayant appartenu à Charles V : « Adest nobis, dilectissimi, sollempnis dies de inventione sanctarum reliquiarum, in primis gloriose semperque Virginis Marie et sanctorum Johannis Baptiste et Andree apostoli, Stephani prothomartyris et beati Dyonisii, Gallorum apostoli.» (Ms. latin 1023 de la Bibliothèque nationale, fol. 268; voir plus haut, p. 57, la notice de ce manuscrit.)

II (fol. 8). La Pêche miraculeuse. La Rencontre de Jésus et de Matthieu au ton-lieu. La Guérisom des malades de la Galilée. Le Sermon sur la Montagne. Les Noces de Cana.

1. Factum est autem cum turbe irruerent in eum, et piscatores lavabant retia. (Luc., v, 1 et 2.)

2. Ascendens autem in unam navem que erat Simonis, rogavit eum a terra reducere pusillum. (*Ibid.*, 3.)

3. Ut cessavit autem loqui, dixit ad Simonem : « Duc me in altum et laxate retia. » Et nichil prendiderunt. (*Ibid.*, 4 et 5.)

4. Et cum hec fecissent, comprehenderunt piscium multitudinem. (*Ibid.*, 6.)

5. Quod cum vidéret Symon Petrus, procidit ad genua Jhesu dicens : « Exi a me, quia homo peccator sum, Domine. » (*Ibid.*, 8 et 9.)

6. Et cum transiret illic, vidit Levi sedentem in teloneo, et secutus est eum. (*Ibid.*, 27.)

7. Et circuibat Jhesus totam Galileam, sanans omnem languorem et infirmitatem. (Matth., IV, 23.)

8. Videns autem turbas, Jhesus ascendit in montem, et accesserunt ad eum discipuli ejus; et aperiens os suum, docebat eos : « Beati, » etc. (*Ibid.*, v, 1-3.)

9. Nuptie facte sunt in Chana Galilee, et dicit mater Jhesu : « Vinum non habent. » (Jo., II, 1 et 3.)

10. Erant ibi sex lapidee ydrie, et dicit Jhesus ministris : « Imple[te] ydrias aqua, » et impleverunt, etc. (*Ibid.*, 6.)

III (fol. 10 v°). La Résurrection de la fille d'un prince. La Réception de Jésus par Marthe. La Cueillette d'épis par les disciples de Jésus et la guérison d'un infirme le jour du sabbat. Le Martyre de saint Jean-Baptiste. L'Empressement des foules à suivre Jésus.

1. Hic eicit Jhesus turbam tumultuantem et tibicines. (Matth., IX, 23 et 24.)

2. Hic ingreditur Jhesus ad puellam, cum Petro, Jacobo, Johanne et patre et matre puelle, et resurrescit. (*Ibid.*, 25.)

3. Intravit Jhesus in quoddam castellum, et mulier quedam, Martha nomine, excepit illum in domum suam. (Luc., x, 38.)

4. Abiit Jhesus sabbato per sata; discipuli autem ejus vellebant spicas et edebant. (Luc., VI, 1.)

5. Et ecce homo habens manum aridam, et sanavit eum. (Luc., VI, 6 et 10.)

6. Die natalis Herodis regis, saltavit filia Herodiadis, et promisit ei caput Johannis. (Matth., XIV, 6 et 9.)

7. Misitque rex, et decollavit eum in carcere, et allatum est caput ejus, etc. (*Ibid.*, 10 et 11.)

8. Et puella dedit matri sue. (*Ibid.*, 11.)

9. Quo audito, venerunt discipuli ejus et sepelierunt eum. (*Ibid.*, 12.)

10. [La place de la légende est laissée en blanc. Le tableau représente les foules qui suivaient Jésus.] (*Ibid.*, 13.)

IV (fol. 11). La Multiplication des pains. La Barque de saint Pierre. La Réponse de Jésus à la Chananéenne. La Guérison du sourd et muet. L'Entretien de Jésus avec la Samaritaine.

1. Hic benedicit quinque panes et duos pisces, et precipit ut apponant turbe. (Matth., XIV, 19.)

2. Discipuli apponunt, et manducaverunt, et saturati sunt v milia, exceptis mulieribus et parvulis. (*Ibid.*, 20 et 21.)

3. Et tulerunt reliquias, XII cophinos fragmentorum plenos. (*Ibid.*, 20.)

4. Jhesus est in terra solus, et navis in inedio maris, et discipuli laborant in remis. (*Ibid.*, 23 et 24.)

5. Hic venit ad eos ambulans supra mare, et putantibus illis fantasma esse dixit : « Ego sum. » (*Ibid.*, 25-27.)

6. Dicit Petrus Jhesu : « Domine, si tu es, jube me venire ad te super aquas. » (*Ibid.*, 28.)

7. Et cum ascendisset in naviculam, cessavit ventus. (*Ibid.*, 32.)

8. Dicit Jhesus mulieri Chananee : « Non est bonum sumere panem filiorum et mittere canibus, » etc. (Matth., xv, 26.)

9. Tunc adducunt ei surdum et mutum, et misit digitos suos in aures ejus. (Marc., VII, 32 et 33.)

10. Jhesus fatigatus sedet super fontem; venit Samaritana haurire aquam; et dicit ille : « Da michi bibere. » (Jo., IV, 6 et 7.)

V (fol. 12 v°). Suite de l'histoire de la Samaritaine. La Nourriture de Jésus. La Guérison du paralytique. La Transfiguration. La Guérison du lunatique.

1. Et venerunt discipuli, et mirabantur quia cum muliere loquebatur. (Jo., IV, 27.)

2. Hic dicit mulier hominibus de civitate : « Venite et videte hominem, » etc. (*Ibid.*, 28 et 29.)

3. Dicunt ei discipuli : « Rabi, manduca ; » et ait illis : « Ego cibum habeo manducare quem vos nescitis. » (*Ibid.*, 31 et 32.)

4. Erat Jherosolimis probatica piscina quinque porticus habens, et angelus ; movebatur aqua, et sanus unus. (Jo., V, 2 et 4.)

5. Et dicit Jhesus cuidam qui jacebat ibi per XXX et VIII annos : « Tolle grabatum tuum. » (*Ibid.*, 5 et 8.)

6. Assumpsit Jhesus Petrum et Jacobum et Johannem, et duxit eos in montem excelsum, et transfiguratus [est]. (Matth., XVII, 1.)

7. Et facta sunt vestimenta ejus splendida sicut nix, et apparuerunt in eo Moises et Helias. (*Ibid.*, 2 et 3.)

8. Dicit Petrus : « Rabi, bonum est nos hic esse ; si vis, faciamus hic tria tabernacula, tibi unum, Moisi unum et Helie unum. » (*Ibid.*, 4.)

9. Et vox de celo dixit : « Hic est filius meus, » et neminem viderunt nisi solum Jhesum. (*Ibid.*, 5 et 8.)

10. Hic rogat quidam genibus flexis pro filio suo. (*Ibid.*, 14.)

Le nombre de tableaux qui ont disparu doit être assez considérable. Ceux qui subsistent suffisent pour faire classer le livre parmi les chefs-d'œuvre de l'art français du XIIIe siècle. Par certains procédés de peinture, il se rapproche de la Bible moralisée, dont le second volume est à la Bibliothèque nationale (ms. latin 11560) et les deux autres à la Bibliothèque bodléienne d'Oxford et au Musée britannique.

Outre les lacunes que présente la série des tableaux de l'histoire évangélique, il faut déplorer l'absence du premier feuillet du psautier, dont le texte, dans l'état actuel, commence (fol. 14) par les mots : « qui non abiit in consilio... »

Dans l'initiale de chaque psaume se voient de charmantes petites miniatures, dont le sujet est indiqué par des légendes marginales, tracées en rouge et en bleu. Voici les premières :

Fol. 14. *Quare fremuerunt.* Pilatus et Herodes fiunt amici in capcione Christi.

Fol. 15. *Domine, quid multiplicati.* Absalon pendet duabus lanceis transfixus.

Fol. 15 v°. *Cum invocarem exaudivit me.* Rex hic dormit in pace.

Fol. 16. *Verba mea auribus.* Abraham expellit ancillam cum filia.

Fol. 17. *Domine, ne in furore.* David infirmans orat ad Dominum.

Fol. 17 v°. *Domine Deus meus, in te speravi.* Quidam a monte proicit lapides contra David.

Fol. 19. *Domine Dominus noster, quam admirabile.* Quidam erigit torcularia.

Fol. 19 v°. *Confitebor tibi, Domine, in toto corde meo.* Sacerdos indutus confitetur coram altari.

Fol. 22. *In Domino confido.* Quidam respicit corniculam vel corvum.

Fol. 22 v°. *Salvum me fac, Domine.* Angelus canit buccina et mortui resurgunt.

Fol. 23. *Usquequo, Domine, oblivisceris me.* Quidam induit pauperem nudum.

Fol. 23 v°. *Dixit insipiens.* Quidam Judeus respiciens terram flet.

Ces miniatures ne sont pas la seule décoration du psautier. Les bouts de lignes non couverts par l'écriture ont été remplis par des ornements d'or, d'azur et de vermillon, et surtout par des animaux de formes généralement très allongées : singes, quadrupèdes, oiseaux (coqs, grues, paons), lézards, sauterelles, poissons. Ces bêtes sont toutes dorées ; de leurs bouches, gueules ou becs sortent des gerbes de filets rouges et bleus, très variés et très élégants, formant des bordures marginales très légères, qui descendent parfois jusqu'au bas des pages.

Le texte du psautier est écrit en encre très noire, avec ces gros caractères auxquels on peut donner pour signe caractéristique la façon dont se terminent, par le bas, les lettres f, i, m, n et ſ : la partie inférieure des traits de ces lettres s'arrête brusquement, aussi large qu'au milieu, sans subir le moindre amincissement ni la moindre inflexion. Ce genre d'écriture se remarque dans plusieurs manuscrits parisiens du xiii⁰ siècle, notamment dans le splendide évangéliaire de la Sainte-Chapelle, n° 8892 du fonds latin.

Le psautier proprement dit est suivi des cantiques (fol. 150) et des litanies des saints (fol. 168) auxquelles le fanatisme a infligé les plus tristes mutilations : on n'en a laissé subsister que la première page; encore en a-t-on grossièrement effacé les mentions qui choquaient la foi des protestants. Ces actes de vandalisme ont été accomplis au temps de Henri VIII.

Ce joli Psautier a appartenu à Jeanne de Navarre, qui épousa d'abord Jean de Montfort, duc de Bretagne, mort en 1399, puis Henri IV, roi d'Angleterre, et qui mourut en 1437. La signature de cette princesse (*Jahanne royne*) se lit au commencement du volume.

XII

NOTICE SUR UN BRÉVIAIRE DOMINICAIN ATTRIBUÉ À MARIE DE FRANCE, FILLE DE CHARLES VI.

A plusieurs des livres liturgiques de la Maison de France qui ont été passés en revue dans le présent opuscule se rattache par certains côtés un très beau Bréviaire du Musée Condé, qui mérite bien d'être mentionné à la fin de cet Appendice. Il a jadis appartenu au couvent de Poissi, d'où il est sorti pour arriver chez les Condé, après être passé d'abord dans la librairie d'Antoine de Chourses et de Catherine de Coetivy, puis dans celle du connétable Anne de Montmorency. M. le duc d'Aumale lui a consacré une très exacte et très instructive notice dans le tome Iᵉʳ du Catalogue de ses manuscrits [1]. J'ai cru devoir en publier ici le calendrier, avec de courtes observations que m'a suggérées, dans ces derniers mois, l'examen de quelques manuscrits similaires.

On ne saurait parcourir ce calendrier sans être frappé de la solennité des rites indiqués, en lettres d'or, pour la célébration des fêtes de l'ordre des Frères Prêcheurs [2].

7 mars. Saint Thomas d'Aquin, de l'ordre des Préescheurs. Tout double.

28 avril. Saint Pierre le martyr, de l'ordre des Préescheurs. Tout double.

24 mai. La translacion de saint Dominique. Tout double.

5 août. Saint Dominique, confesseur. Tout double.

Ce qui contribue à mettre en relief la pompe avec laquelle sont ainsi traités les saints de l'ordre des Prêcheurs, c'est l'extrême simplicité de l'annonce de la fête du fondateur de l'ordre des Frères Mineurs, au 4 octobre:

De saint François, confesseur. Simple.

Nous avons évidemment sous les yeux un livre à l'usage des Frères Prêcheurs. Les offices propres à cet ordre y ont pris de grandes proportions [3]. C'est seulement dans les couvents de l'ordre qu'on pouvait réciter, découpée en neuf leçons, une relation détaillée de la translation du corps de saint Thomas

[1] T. I, p. 53, n° 54.

[2] J'ai vérifié que, sauf une variante, d'ailleurs importante, les deux premiers et les deux derniers mois de ce calendrier sont identiques au texte de ce qui subsiste des calendriers dans le Bréviaire de Belleville.

[3] S. Thomas d'Aquin (fol. 378); — S. Pierre le martyr (fol. 395 v°) ; — Translation de s. Dominique (fol. 407); — S. Dominique (fol. 453); — Translation de s. Thomas (fol. 568 v°). — Remarquons que l'office de saint Thomas fait défaut dans le Bréviaire de Belleville à l'endroit où il aurait dû trouver place (ms. 10483, fol. 160 v°), entre l'oraison de la fête de saint Aubin et l'office de saint Grégoire. Cette lacune pourrait faire supposer que l'exécution du Bréviaire de Belleville est antérieure à l'année 1323, date de la canonisation de saint Thomas.

d'Aquin à Toulouse, en 1369 [1], y compris l'envoi fait à Charles V d'un bras du Docteur angélique [2].

Un autre caractère n'est pas moins nettement accusé dans le Bréviaire dont il s'agit, c'est la façon dont sont annoncées, dans le calendrier, les fêtes auxquelles la Maison de France devait particulièrement s'intéresser :

17 mai. La translacion du chief monseigneur saint Loys.

11 août. La feste de la sainte coronne.

19 août. Saint Loys de Marseille, evesque et confesseur.

25 août. Saint Loys, roi de France. Tout double.

30 septembre. La feste des saintes reliques de la chapelle le roi a Paris.

Chacune de ces fêtes est représentée dans le corps du volume par un office dont les matines contiennent des leçons très détaillées sur le sujet de la fête.

Fol. 407. *De la translacion du chief monseigneur saint Loys de France.* Dans les leçons, qui commencent par les mots « Beatus Ludovicus multorum annorum spacio regni Francorum regimini discrete et pacifice prefuit », nous trouvons, à la suite d'un résumé de la vie du saint roi [3], des détails sur sa canonisation, sur l'élévation de son corps dans l'église de Saint-Denis, sur la translation du chef dans la Sainte-Chapelle, et sur des miracles, dont un fournit au rédacteur de l'office l'occasion de rappeler la fondation du monastère des Dominicaines à Poissi, lieu de naissance du saint roi : « Cum enim dominus rex Philippus, hujus sancti nepos, apud Pissiacum, unde sanctus ipse traxit originem, monasterium sollempne sororum ordinis sancti Dominici construi faceret in honorem ipsius, ipso rege tunc in castro Pissiaci existente... »

Fol. 459 v°. *La translacion de la sainte coronne de Nostre Seigneur Jhesu Crist.* La première antienne des laudes célèbre l'arrivée en France de la sainte couronne :

> Adest dies leticie
> Quo dyadema spineum
> Regnum suscepit Gallie,
> Christi cruore roseum.

Fol. 471. *De saint Loys de Marseille.* Le rédacteur de l'office commence les leçons par rappeler l'origine de ce petit neveu de notre saint Louis : « Beatus Ludovicus ex regali prosapia, patre videlicet clare memorie Karolo, rege Sicilie, matre vero Maria, Sicilie regina et Ungarie, originem suam trahens... [4] »

Fol. 478 v°. *De monseigneur saint Loys, confesseur et roi de France.* Cet office est celui dont les leçons commencent par les mots : « Beatus Ludovicus, quondam rex Francorum illustris, patrem habuit christianissimum regem nomine Ludovicum. Hic de Albigesio et comitatu Tholosano hereticos debellavit et hereses extirpavit... [5] »

---

[1] « Cum venerabile corpus sancti Thome... sub deposito jacuisset in monasterio Fosse Nove, Cisterciensis ordinis, Terrascinensis dyocesis Campanie, redditum est suo ordini anno Domini M° CCC° LX° IX°, modo qui sequitur... » Fol. 569 v°.

[2] « De mandato ipsius Urbani ad Tholosam, Gallie civitatem, pluribus choruscando miraculose transferuntur, ubi, in tanti receptione thesauri, presente illustri Ludovico principe, Andegavis duce, archiepiscopis episcopisque pluribus, universo insuper clero et multitudine populi, que centum quinquaginta milium reffertur extitisse, cereis et luminibus accensis, in conventu Predicatorum sunt honorifice collocata, anno Domini millesimo CCC° LXX° IX°, ejus vita et doctrina auctoritate apostolica approbatis ; Parisius ad illustrissimum regem Francorum Karolum, de ipsius pontificis mandato, brachium translatum, et in domum Fratrum Predicatorum honorifice depositum. » Fol. 572. C'est par une erreur de transcription que, dans ce passage, l'année M CCC LXXIX a été assignée pour date à la translation, qui est bien de l'année 1369. Voir les Bollandistes, au 7 mars, t. I de mars, p. 725, et VAISSETTE, *Hist. gén. de Languedoc*, éd. originale, t. IV, p. 339.

[3] Ce résumé est identique aux trois leçons de l'office de saint Louis qui a été publié par M. LONGNON, d'après les Heures de Jeanne de France, reine de Navarre, dans *Documents parisiens sur l'iconographie de saint Louis*, p. 55.

[4] Fol. 472.

[5] Fol. 479 v°. Cet office est celui qui est dans le tome II du Bréviaire de Belleville, fol. 305 v°.

Fol. 506 v°. *En la solempnité des saintes reliques.* L'office a surtout trait aux reliques de la Passion ; mais le rédacteur n'a pas omis d'y mentionner les autres reliques qu'on honorait à la Sainte-Chapelle :

« Baptiste calvaria — Symeonis, Blasii — Et Clementis capita — Signa sunt amoris.

« Assunt et donaria — Pepli, lactis proprii, — Que presentat inclita — Mater Salvatoris [1]. »

J'appelle l'attention sur deux autres particularités.

Le livre a été fait pour une communauté dominicaine :

Nous y lisons dans le calendrier, au 4 février, un article ainsi conçu : « L'anniversaire de nos pères et de nos mères [2]. »

Cette communauté était une maison de femmes. Autrement on ne s'expliquerait guère l'emploi du français pour tout ce qui ne constitue pas essentiellement le texte liturgique du bréviaire : le calendrier et les rubriques qui sont très développées [3] et dont un exemple de quelques lignes permettra d'apprécier la correction : « *De quoi on doit faire l'office.* Il covient savoir que, par tout l'an, l'office de nuit et de jour a toutes les heures, doit estre du temps, fors que es festes des sains, et dedanz les huitieves, et au jour des huitieves et au samedi quant on fait de Nostre Dame en covent. Quant on fait dou temps en touz les dymanches, fors que ou temps de Pasques, (qui dure dès la messe de la vegille de Pasques jusque tant que en commence les vespres de la vegille de la Trinité,) en doit faire ix leçons a matines. En jour de sursemaine en ne fait que iii leçons, fors seulement le jour de la ceine et le grant venredi et la veille de Pasques [4]. »

De l'ensemble de ces faits ne peut-on pas conclure que le livre a été écrit du temps de Charles VI pour une princesse royale entrée dans une maison de l'ordre de saint Dominique, vraisemblablement le couvent de Saint-Louis de Poissi, puisque le volume se trouvait dans cette maison au milieu du xv siècle ! C'est ce qu'atteste une inscription mise en tête sur un feuillet de garde :

« Ce Breviaire est a seurs Katherine la chanceliere, et Katherine Nicolas, religieuses en l'eglise mons. saint Loys de Poissy, et demourra du tout a la survivant d'eulx deulx. »

(Une autre main a ajouté :) « Lequel depuis, c'est assavoir l'an mil quatre cens soixante treze, par la dicte Katherine Nicolas seurvivante des deux, a esté vendu, la somme de quatre vings escus d'or, a madame Gilette Darval, mareschalle de Bretaigne [5]. Et lesquelz quatre vings escuz ont esté baillez contens a la dicte Katherine, par la main de religieuse personne frère Guillaume Romain, pour lors provincial des Celestins. »

(Et de la main dudit Guillaume Romain :) « Ita est. Frater Guillelmus Romani, provincialis ordinis Celestinorum. » (Suit un paraphe.)

Une fille du roi Charles VI, Marie de France a pris, en 1408, l'habit des religieuses dominicaines dans la maison de Saint-Louis de Poissi. Son goût pour les beaux livres nous est connu ; j'ai déjà fait remarquer qu'après son entrée en religion elle a possédé deux des plus luxueux manuscrits que le moyen âge nous a transmis : le Petit Psautier de saint

---

[1] Fol. 510. Cet office n'est pas dans le Bréviaire de Belleville.

[2] Le calendrier du Bréviaire de Belleville (ms. 10484) annonce également au 4 février : «Anniversarium patrum et matrum.»

[3] Voir, notamment, fol. 109-110 v°, 315-321 v°, 429-430 v°, 559 v°, 561-562 v°.

[4] Fol. 109. — Le texte latin correspondant est dans le Bréviaire de Belleville, t. I, fol. 212.

[5] Gillette de Malestroit, fille de Geffroi de Malestroit, sire de Derval, veuve de Jean Raguenel, baron de Malestroit, maréchal de Bretagne, mort en 1470, sœur de Jean de Malestroit, dit *de Derval,* connu pour avoir possédé nombre de beaux manuscrits. (Voir *Le Cabinet des manuscrits de la Bibliothèque nationale,* t. II, p. 359.) La généalogie de la famille de Derval a été dressée par Du Paz, dans son *Histoire généalogique de plusieurs maisons illustres de Bretagne.*

Louis, qui lui fut donné par son père, et le Bréviaire de Belleville, cadeau de son oncle le duc de Berri[1].

Je suis persuadé que le manuscrit 54 du Musée Condé a été fait pour Marie de France. L'exécution est bien celle qui convenait le mieux pour le Bréviaire d'une fille de France, entrée dans un couvent de dominicaines. L'absence de miniatures dans un si beau livre s'explique par la rigueur de la règle monacale; mais l'origine royale de la religieuse à qui le livre devait servir ne se trahit-elle pas par le choix d'un parchemin d'une admirable finesse, par la perfection de l'écriture, chef-d'œuvre d'un calligraphe du commencement du xve siècle, par la très élégante sobriété de l'enluminure des initiales et par le goût exquis des ornements qu'on ne se lasse pas de regarder au haut et au bas des pages, comme aussi sur le côté gauche de toutes les colonnes. Le motif qui domine dans tous ces ornements est la fleur de lis. C'est par milliers qu'il y faut compter les fleurs de lis tracées alternativement en or et en azur, entières au bas des pages, coupées par moitié le long des bordures de colonnes.

M. le duc d'Aumale appréciait à sa valeur la condition matérielle de son Bréviaire de Poissy : « Ce manuscrit, dit-il dans son Catalogue, ne contient pas une seule miniature, mais la finesse et la beauté tout exceptionnelle du vélin, l'originalité et la délicatesse des ornements, véritable dentelle dont chaque page est complètement enveloppée, le nombre des fleurs de lis qui sont entrées dans la décoration, le fini et la perfection de l'exécution, qui se soutiennent d'un bout à l'autre, font de ce manuscrit un livre tout à fait à part. »

Il me reste à parler d'une remarquable particularité que nous offre un supplément de 10 feuillets, à la fin du volume. Ce supplément, copié par le même calligraphe et décoré par le même enlumineur que le corps du Bréviaire, contient les morceaux suivants :

Fol. 566. Office des onze mille vierges.

Fol. 568 v°. Office de la translation de saint Thomas.

Fol. 572 v°. Courtes leçons pour l'office des morts.

Fol. 574. Petit office de saint Adalbert de Prague, composé d'une oraison et de trois leçons, dont la première commence par ces mots : « Beatus Adalbertus ex honestis parentibus, dilectoribus precipue sacerdotum Christi et sanctis moribus plenis, in partibus Boemie natus fuit. . . »

Fol. 575. Pareil office pour la fête de saint Procope : « Beatus Procopius abbas, natione Boemus, hic pro amore Jhesu Christi toto spiritus sui ardore fervens. . . »

On se demande pourquoi les offices de deux saints bohémiens, également étrangers à la liturgie française et à la liturgie dominicaine, sont venus prendre place dans un bréviaire du couvent de Poissy.

La seule explication qui se présente à l'esprit, c'est que le Bréviaire de Marie de France avait pu être copié d'après un exemplaire plus ancien dans lequel l'office de saints particulièrement chers aux Bohémiens avait été inséré après coup, du vivant de l'arrière-grand-mère de Marie de France, la reine Bonne de Luxembourg, fille du roi de Bohême, qui pouvait venir faire ses dévotions au couvent des dominicaines de Poissy. Ce qui me porte à croire que Bonne de Luxembourg avait adopté la liturgie dominicaine, c'est que le petit livre d'heures attribué ci-dessus[2] à cette reine contenait l'office de Notre-Dame et celui de saint Louis, l'un et l'autre *secundum usum Predicatorum.*

Une autre reine de France, Jeanne d'Évreux avait choisi la liturgie franciscaine, comme en témoigne le Bréviaire qui a fait l'objet du chapitre VIII.

---

[1] Voir plus haut, pages 37 et 82.
[2] Page 67.

Telles sont les considérations qui, jusqu'à preuve du contraire, permettent de considérer le manuscrit 54 du Musée Condé comme un bréviaire dominicain, copié pour Marie de France, fille de Charles VI, religieuse au couvent de Saint-Louis de Poissi. Il serait la reproduction d'un exemplaire plus ancien, arrangé dans cette maison pour son arrière-grand-mère, Bonne de Luxembourg.

Marie de France, née le 24 août 1393, mourut emportée par la peste le 19 août 1438.

Je termine cette petite dissertation par le texte du calendrier qui est transcrit sur les premières pages du Bréviaire.

Janvier.

1. La circumcision de Nostre Seigneur. Double.

2. Les huitiemes de s. Estienne. iii l.

3. Les huitiemes de s. Jehan. iii l.

4. Les huitieves des Innocens. iii l.

6. La Typhaine de Nostre Seigneur. Tout double.

10. De s. Pol heremite. Mem.

13. Des huitieves de la Tiphaine. Simple. Des sains Hylaire et Remi, evesques. Mem.

14. De s. Feliz, prestre et confesseur. iii l.

15. De s. Mor, abbé. iii l.

16. De s. Marcel, pape et martyr. iii l.

17. De s. Anthoine, abbé. iii l.

18. De sainte Prisce, vierge et martyre. iii l.

20. Des sains Fabien et Sebastien m. Simple.

21. De sainte Agnès, vierge et martyre. Simple.

22. De s. Vincent m. Demi double.

23. De sainte Emerenciene, vierge et m. Mem.

25. La conversion de s. Pol. Double.

27. De s. Julien, evesque et conf. Simple.

28. De sainte Agnès secondement. [s. Charlemainne[1].]

Fevrier.

1. De s. Ignace, evesque et m. iii l.

2. La Purification de Nostre Dame. Tout double.

3. De s. Blaive, evesque et m. iii l.

4. L'aniversaire de nos pères et de nos mères.

5. De sainte Agace, vierge et martyre. Simple.

6. Des sains Vedast et Amant, evesques. Mem

10. De sainte Scolace, vierge. Mem.

14. De s. Valentin, m. iii l.

22. La chaierre s. Pierre. Simple.

24. S. Mathias, apostre. Double.

Mars.

1. De s. Aubin, evesque et conf. Mem.

7. S. Thomas d'Aquin, de l'ordre des Préescheurs. Tout double.

12. De s. Gregoire, pape et conf. Double.

21. De s. Benait, abbé. Simple.

25. L'Annonciacion de Nostre Dame. Tout double.

Avril.

4. S. Ambroise. Double.

14. De s. Tiburce, Valerien et Maxime, martyrs. iii l.

23. De s. George, martyr. Simple.

25. S. Marc, euvangeliste. Double.

27. De s. Vital, m. iii leçons.

28. S. Pierre, le martyr, de l'ordre des Préescheurs. Tout double.

Maii.

1. Sains Phelipe et Jacque, apostres. Double.

3. L'invencion de la sainte croiz. Demi double. Des sains Alexandre, Evence et Theodole, martyrs. Mem.[2].

6. De s. Jehan devant la porte latine. Demi double.

10. Des sains Gordian et Epimache, martyrs. iii l.

12. Des s. Nerée et Achillée et Pancrace, martyrs. iii l.

13. De s. Servace, conf. iii l.

17. La translacion du chief monseigneur saint Loys.

---

[1] Addition un peu postérieure.

[2] La translation de la sainte couronne n'est pas marquée au 4 mai, comme c'était l'usage des Dominicains. Voir plus haut, p. 82, note.

19. De sainte Potencienne, vierge. Mem.
24. La translacion de s. Dominique. Tout double.
25. De s. Urbain, pape et m. iii l.
31. De sainte Perrenelle, vierge. Mem.

Juing.

1. Des sains Marcelin et Pierre, martyrs. iii l.
8. De s. Medart, evesque et conf. Mem.
9. Des sains Prime et Felicien, martyrs. iii. l.
11. S. Barnabé, apostre. Double.
12. Des sains Basilide, Cirine, Nabore et Nazare, martyrs. ix l.
13. De s. Anthoine, de l'ordre des Frères Meneurs. iii l.
15. Des sains Vy et Modeste, martyrs. Mem.
16. De s. Marcial, evesque et conf. iii l. Des sains Cirice et Julite, martyrs. Mem.
18. Des sains Marc et Marcellien, martyrs. iii l.
19. Des sains Gervès et Prothaise, martyrs. Simple.
22. Les x miles martirs. Simple [1].
23. Vegille.
24. La nativité de s. Jehan Baptiste. Tout double.
26. Des sains Jehan et Pol, martyrs. Simple.
28. De s. Leon, pape et conf. Memoire. Vegille.
29. Sains Pierre et Pol, apostres. Tout double.
30. La commemoracion de s. Pol. Double.

Juignet.

1. Les oct. de s. Jehan. Simple.
2. Des sains Procès et Martinien, martyrs. Mem.
6. Les oct. des s. apostres Pierre et Pol. Simple.
10. Des vii frères martyrs. iii l.
17. De s. Alexie, confesseur. iii l.
20. De sainte Marguerite, vierge et martyre. Simple.
21. De sainte Praxède, vierge. iii l.
22. La Magdalene. Tout double.

23. De s. Apolinaire, ev. et m. iii l.
24. De sainte Cristine, vierge et m. Mem. Vegille.
25. S. Jaque apostre. Double. De s. Christofre et Cucuffe, m. Mem.
27. De sainte Marthe, vierge. iii l.
28. Sainte Anne, la mère Nostre Dame. Des sains Nazare, Celse et Pantaleon, martyrs. Mem.
29. Des sains Feliz, Simplice, Faustin et Beatriz, martyrs. Mem.
30. Des sains Abdon et Sennen, martyrs. iii l.
31. De s. Germain, evesque et conf. Simple.

Aoust.

1. De s. Pierre aus liens. Simple. Des sains Machabées, martyrs. Mem.
2. De s. Estienne, pape et m. iii l.
3. De l'invencion de s. Estienne. Simple.
5. S. Dominique, conf. Tout double.
6. Des sains Sixte, pape, et Felicissime et Agapit, martyrs. Mem.
7. De s. Donat, ev. et m. Mem.
8. De s. Cyriace et de ses compaignons, martyrs. Mem.
9. Vegille.
10. S. Lorens, m. Demi double.
11. La feste de la sainte coronne. De s. Tiburce, m. Mem.
12. Des huitieves de s. Dominique. Simple.
13. De s. Ypolite et de ses compaignons, martyrs. Simple.
14. De s. Eusebe, prestre et conf. Mem. Vegille.
15. L'Assumption de Nostre Dame. Tout double.
17. Les huitieves de s. Lorens. Simple.
18. De s. Agapit, m. Mem.
19. S. Loys de Marseille, ev. et conf.
20. De s. Bernart, abbé. Simple.
22. Les huitieves de Nostre Dame. Simple. De s. Thimothé et Symphorien, martyrs. Mem.
23. Vegille.
24. Saint Bertelemi, apostre. Double.
25. Saint Loys, roi de France. Tout double.
27. De s. Rufe, martyr. Mem.
28. S. Augustin, evesque. Tout double.

---

[1] Article ajouté après coup.

29. De la decolacion de s. Jehan. Simple.
De s. Sabine, martyre. Mem.
30. Des sains Feliz et Adauct, martyrs. Mem.

Septembre.

1. De s. Leu, ev. ui l. De s. Gile, abbé. Mem.
4. Des huitieves de s. Augustin. Simple.
De s. Marcel, m. Mem.
8. La nativité de Nostre Dame. Tout double.
9. De s. Gorgone, m. Mem.
11. Des sains Prothe et Jacincte, m. Mem.
14. L'exaltacion de la sainte croiz.
15. Les huitieves de Nostre Dame. Simple.
De s. Nicomede, m. Mem.
16. De sainte Eufeme, v. et m. iii l.
18. De s. Lambert, ev. et m. Mem.
20. Vegille.
21. S. Mathé, apostre et evangeliste.
22. De s. Morise et de ses compaignons, martyrs. Simple.
27. Des sains Cosme et Damien, martyrs. Simple.
28. De s. Venzeslai, m. iii. l.
29. S. Michel l'archange. Double.
30. La feste des saintes reliques de la chapelle le roi à Paris. Tout double.

Octobre.

1. S. Remy, ev. et conf. iii l.
2. De s. Jerosme, conf. Double. De s. Legier, ev. et m. Mem.
4. De s. François, conf. Simple.
7. S. Marc, pape et conf. iii l. De s. Serge, Bache, Marcel et Apule, martyrs. Mem.
9. S. Denys et ses compaignons. Tout double.
13. S. Odouart, conf. iii l.
14. S. Calixte, pape et m. Memoire.
18. S. Luc l'evangeliste.
11. Des onze mile vierges et martyres, iii l.
25. Des sains Crespin et Crespinien, martyrs. Mem.
27. Vegille.
28. Sains Symon et Jude, apostres. Double.
31. De s. Quentin, m. Mem.

Novembre.

1. La Touz sains. Tout double.
2. La commemoracion des trespassez.
8. Des iii coronnez martyrs. iii l.
9. De s. Theodoire, m. iii l.
11. S. Martin. Demi double. De s. Menne, m. Mem.
13. De s. Brice, evesque et conf. Mem.
18. Les huitieves de s. Martin. Simple.
19. De sainte Elizabeth. Mem.
22. De sainte Cecille, vierge et m. Simple.
23. De s. Clement, pape et m. Simple.
24. De s. Grisogonne, m. Mem.
25. De sainte Katherine, v. et m. Demi double.
27. Des sains Vital et Agricol, martyrs. Mem.
29. De s. Saturnin, m. Mem. Vegille.
30. S. André, apostre. Double.

Decembre.

6. De saint Nicholas, evesque. Double.
7. Les huitiemes de saint André. Mem.
8. La Concepcion de Nostre Dame[1]. Tout double.
11. De s. Damase, pape et conf. Mem.
13. De sainte Luce, v. et m. Simple.
20. Vegille.
21. S. Thomas, apostre. Double.
24. Vegille.
25. La nativité Nostre Seigneur. Tout double.
26. De s. Estienne, le premier martyr. Tout double.
27. De s. Jehan, apostre et euvengeliste. Tout double.
28. Des Innocens. Simple.
29. De s. Thomas, evesque et martyr. Simple.
31. De s. Silvestre, pape et conf. Simple.

Le Bréviaire qui vient d'être décrit est un remarquable débris de la bibliothèque du couvent de Poissi. On a vu plus haut (p. 58) quelles sommes Philippe le Bel avait dépensées pour faire copier les premiers volumes d'une collection qui devait notablement s'ac-

---

[1] Cette fête n'est pas inscrite dans le calendrier du Bréviaire de Belleville. (Voir la page reproduite en fac-similé sur la planche XVI.)

croître par suite de dons faits à des religieuses appartenant aux plus grandes familles du royaume.

Le roi Charles V disposa d'un Missel en faveur de sa belle-sœur Marie de Bourbon, prieure de Poissi [1].

Le duc de Berri offrit à sa nièce, Marie de France, les deux magnifiques volumes du Bréviaire de Belleville.

La même religieuse reçut en cadeau du roi Charles VI le Psautier de saint Louis.

Une autre religieuse, Catherine d'Harcourt, tenait de la libéralité du duc de Berri un psautier très bien écrit, noté en plusieurs lieux et très richement enluminé [2].

C'est du couvent de Poissi qu'est sorti un exemplaire des *Miracles de Notre Dame*, copié au XIVᵉ siècle (ms. français 12483 de la Bibl. nat.).

La même origine est attribuée à un splendide manuscrit qui, après avoir appartenu au comte de Bastard, a été coupé en deux morceaux, dont l'un, contenant *La Somme le Roi*, est aujourd'hui conservé au Musée britannique, et l'autre, intitulé *La Sainte Abbaye*, est arrivé entre les mains de M. Henry Yates Thompson.

De bonne heure l'usage s'était introduit à Poissi de laisser affectés en propre à certaines religieuses les livres dans lesquels elles récitaient leurs offices et faisaient leurs dévotions. Elles en étaient considérées comme les propriétaires et pouvaient à ce titre en disposer. Le Bréviaire de Belleville nous offre un exemple de cet usage qui mérite d'être rappelé. Voici ce qu'on lit au commencement et à la fin du premier volume :

« Ces belles legendes apartiennent à seur Marie Juvenel des Ursins, religieuse en l'eglise de mons. saint Loys de Poissy, et les acheta du couvent, l'an mil CCCC cinquante quatre, la somme de six vingtz escus d'or, de laquelle somme mons. le patriarche en paia cent, et la dicte seur en paya vingt, et avecq ce a fait faire les fermaus de ceste partie, desquielx l'asiete des ymages est de fin or. »

(Et d'une autre main :) « Lesquelles elle donna à ses nièces seurs Guionne et Michelle des Ursins, qui les donna à ses nièces, seurs Claude et Marie des Ursins, et la dicte seur Claude demeurant la dernière d'elles toutes les a donnéez à son escolière et belle nièce seur Antoinette de Ranty, après le décès de laquelle sont demeuréez pour estre mises, en la memoire d'elles toutes, à l'office de prieure. Faict le XXIIIᵉ d'octobre mil cinq cens cinquante neuf. »

On ne se lasse pas d'étudier ce Bréviaire de Belleville, et je crois devoir ajouter ici quelques mots sur la date qu'il convient de lui assigner.

Comme il a été compris dans une confiscation prononcée en 1343, l'exécution en est antérieure à cette date, et cela s'accorde parfaitement avec la note écrite au bas d'une page par Jean Pucelle, connu pour avoir enluminé une bible en 1327. Mais on pourrait se demander si la copie et l'enluminure du manuscrit ne sont pas antérieures à la canonisation de saint Thomas d'Aquin, c'est-à-dire à l'année 1323. En effet, on y cherche vainement l'office de saint Thomas, dont la place aurait été dans le premier volume, au folio 160 v°, après l'oraison de la fête de saint Aubin et avant l'office de saint Grégoire.

Quoiqu'il soit difficile d'expliquer l'absence de l'office de saint Thomas dans un livre de liturgie dominicaine postérieur à la canonisation de saint Thomas, je n'ose pas donner le Bréviaire de Belleville comme un manuscrit antérieur à l'année 1323. Le calligraphe qui l'a copié a pu reproduire un exemplaire antérieur à cette date, dans lequel l'office de saint Thomas n'avait pas été ajouté.

---

[1] *Le Cabinet des manuscrits*, t. III, p. 125, n° 186.
[2] *Ibid.*, p. 173, n° 22.

TABLE DES MATIÈRES.

APPENDICE.

I

PSAUTIER DE LA REINE INGEBURGE

(Notice, p. 1)

———

Page du calendrier contenant une note sur la bataille de Bouvines.

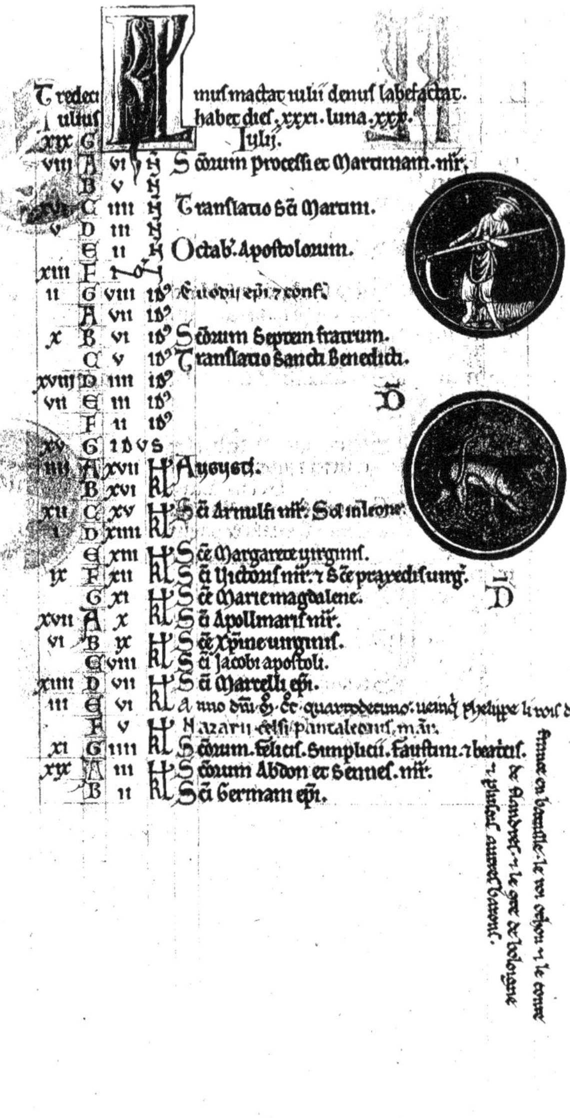

Tredecimus mactat iulii denus labefactat.
Iulius habet dies .xxxi. luna .xxx.

Iulij.

xix	G	KL	
viii	A	vi N	Scōrum processi et Martiniani. mr̄.
	B	v N	
	C	iiii N	Translatio sci Martini.
v	D	iii N	
	E	ii N	Octab. Apostolorum.
xiii	F	NON	
ii	G	viii Id	Sci Kyliani epi 7 cōf.
	A	vii Id	
x	B	vi Id	Scōrum Septem fratrum.
	C	v Id	Translatio Sancti Benedicti.
xviii	D	iiii Id	
vii	E	iii Id	
	F	ii Id	
xv	G	IDVS	
iiii	A	xvii KL	Augusti.
	B	xvi KL	
xii	C	xv KL	Sci Arnulfi mr̄. Sol in leone.
	D	xiiii KL	
	E	xiii KL	Sce Margarete virginis.
ix	F	xii KL	Sci Victoris mr̄. 7 sce praxedis virg.
	G	xi KL	Sce Marie magdalene.
xvii	A	x KL	Sci Apollinaris mr̄.
vi	B	ix KL	Sce Xpine virginis.
	C	viii KL	Sci Iacobi apostoli.
xiiii	D	vii KL	Sci Marcelli epi.
iiii	E	vi KL	a anno dni q̄ ē quartodecimo ueinq[ui] phelippe li rois de france en bataille le roi othon 7 le conte de flandres 7 le conte de boloigne 7 plusors autres barons.
	F	v KL	Nazarii celsi pantaleonis. m.ar.
xi	G	iiii KL	Scōrum felicis. simplicii. faustini. 7 beatricis.
xix	A	iii KL	Scōrum Abdon et Sennes. mr̄.
	B	ii KL	Sci Germani epi.

II

PSAUTIER DE LA REINE INGEBURGE

(Notice, p. 1)

Miniatures représentant Jésus au Jardin des Oliviers
et le Sommeil des Apôtres.

15

Si come prie et que li ange le confortent.

Si come li apotle dorment.

III

PSAUTIER DE LA REINE INGEBURGE

(Notice, p. 1)

Page de texte (fol. 58 v°) : commencement du psaume XXVI.
Miniature qui représente David donnant un ordre.

Ego autem in innocentia mea ingressus
sum: redime me et miserere mei.
Pes meus stetit in directo: in ecclesiis be-
nedicam te domine. Psalmus dauid.
Dominus illuminatio
mea: et salus mea
quem timebo.
Dominus protector
uite mee: a quo trepidabo.
Dum appropiant
super me nocentes: ut
edant carnes meas.
Qui tribulant me inimici mei: ipsi in-
firmati sunt et ceciderunt.
Si consistant aduersum me castra: non
timebit cor meum.
Si exurgat aduersum me prelium: in
hoc ego sperabo.
Unam petii a domino hanc requiram:
ut inhabitem in domo domini omnibus diebus uite mee.

IV

PSAUTIER DE SAINT LOUIS D'ORIGINE ANGLAISE

(Notice, p. 19)

Frontispice du psautier.

Cist psaultiers fuit mon seigneur
saint loys qui fu Roys de france
Ou quel il aprist en senfance ~~~

V

PSAUTIER DE SAINT LOUIS D'ORIGINE ANGLAISE

(Notice, p. 19)

Page du calendrier : mois de novembre.

Scorpius ... est quint? 7 terci? ꝉ nece cruetus.
Novem·ber h̅t dies.xxx. luna.xxx.

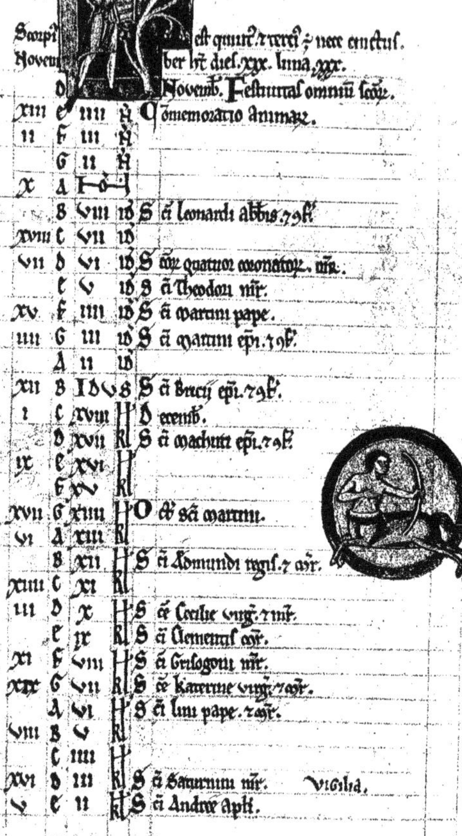

	d		[kl]	Novemb. Festiuitas omniu sco̅ꝝ.
xiiii	e	iiii	N	Comemoratio animaꝝ.
ii	f	iii	N	
	G	ii	N	
x	A	Id		
	B	viii	id	S. c̅a Leonardi abbis. 7 9ꝉ.
xviii	c	vii	id	
vii	d	vi	id	S. c̅t̅o̅ꝝ quatuor coronatoꝝ. mr̅.
	e	v	id	S. c̅a Theodori mr̅.
xv	f	iiii	id	S. c̅a Martini pape.
iiii	G	iii	id	S. c̅a Martini ep̅i. 7 9ꝉ.
	A	ii	id	
xii	B	Idus		S. c̅a Bricii ep̅i. 7 9ꝉ.
i	c	xviii	Kl	D̅e̅cemb.
	d	xvii	Kl	S. c̅a Machuti ep̅i. 7 9ꝉ.
ix	e	xvi	Kl	
	f	xv	Kl	
xvii	G	xiiii	Kl	O. ct̅ sca Martini.
vi	A	xiii	Kl	
	B	xii	Kl	S. c̅ti Edmundi regis. 7 cf̅.
xiiii	c	xi	Kl	
iii	d	x	Kl	S. c̅e Cecilie virg̅. 7 mr̅.
	e	ix	Kl	S. c̅a Clementis cf̅.
xi	f	viii	Kl	S. c̅a Grisogoni mr̅.
xix	G	vii	Kl	S. c̅e Katerine virg̅. 7 mr̅.
	A	vi	Kl	S. c̅a Lini pape. 7 mr̅.
viii	B	v	Kl	
	c	iiii	Kl	
xvi	d	iii	Kl	S. c̅a Saturnini mr̅. Vigilia.
v	e	ii	Kl	S. c̅a Andree ap̅ꝉi.

VI

PSAUTIER DE SAINT LOUIS D'ORIGINE ANGLAISE

(Notice, p. 19)

———

Miniatures du folio 27 : Apparition de Jésus à la Madeleine,
les Disciples d'Emmaüs, Thomas convaincu.

VII

PSAUTIER DE SAINT LOUIS D'ORIGINE ANGLAISE

(Notice, p. 19)

Page de texte (fol. 78) : Commencement du psaume LII.

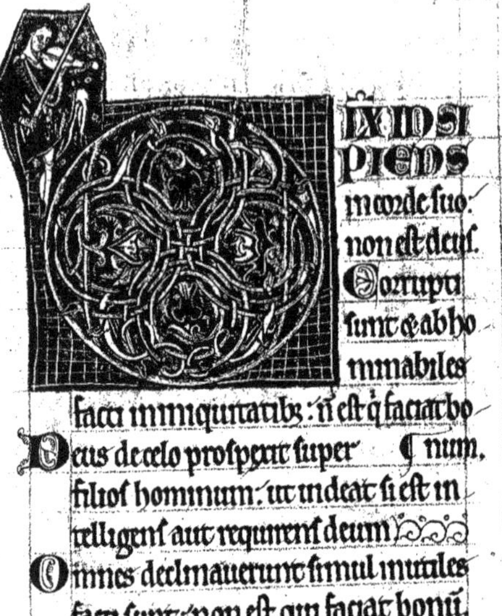

DIXIT INSI
PIENS
in corde suo:
non est deus.
Corrupti
sunt & ab ho
minabiles
facti in iniquitatibz: ñ est q faciat bo
Deus de celo prospexit super   num.
filios hominum: ut uideat si est in
telligens aut requirens deum
Omnes declinauerunt simul inutiles
facti sunt: non est qui faciat bonu.
non est usq3 ad unum
Nonne scient oms q opant iniquitate:
qui deuorant plebem mea ut cybu panis
Dm non inuocauerunt illi trepidaue
runt timore: ubi non fuit timor
Qm ds dissipauit ossa cor qui hominibz

VIII

PSAUTIER ATTRIBUÉ A SAINT LOUIS ET A BLANCHE DE CASTILLE

(Notice, p. 27)

Page de texte (fol. 127 v°). Commencement du psaume CI, avec miniature représentant la prière de la dame pour qui le livre a été fait.

ut sedeant mecum: ambulans in via im
maculata hic michi ministrabat. &
Non habitabit in medio domus mee qui
facit superbiam: qui loquitur iniqua
non direxit in conspectu oculorum meorum
In matutino interficiebam omnes peccato
res terre: ut disperderem de civitate domi
ni omnes operantes iniquitatem. [...]

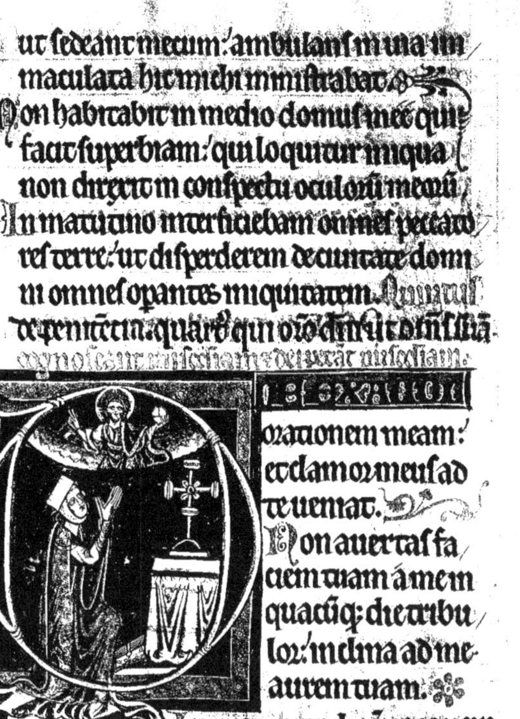

EXAUDI
orationem meam:
et clamor meus ad
te veniat.
Non avertas fa
ciem tuam a me in
quacumque die tribu
lor: inclina ad me
aurem tuam.
In quacumque die invocavero

IX ET X

LES DEUX PETITS PSAUTIERS DE SAINT LOUIS

(Notice, p. 37 et 43)

IX. Miniature représentant : à gauche, Abraham et son serviteur;
à droite, Rébecca à la fontaine.

(Ms. latin 10525 de la Bibliothèque nationale, fol. 11 v°.)

X. Miniature représentant Salomon, amené sur la mule de David
pour être sacré par Sadoc.

(Ms. de M. H. Yates Thompson, quatrième tableau.)

X

IX

XI ET XII

LES DEUX PETITS PSAUTIERS DE SAINT LOUIS

(Notice, p. 37 et 43)

XI. Groupes de religieux et de religieuses
promettant de veiller sur leurs langues.

Illustration de ces mots du psaume xxxviii : *ut non delinquam in lingua mea.*

(Ms. 10525 de la Bibliothèque nationale, fol. 126 v°.)

XII. Même sujet.

(Ms. de M. H. Yates Thompson, fol. 42.)

oderunt me iniquie
Qui retribuunt mala p bonis detrahebat
michi: qm sequebar bonitatem
Ne derelinquas me domine deus meus: ne
discesseris a me
Intende in adiutorium meum: domine ds
saluris mee domine in celo misecia tua

in retribuunt mala pro bonis detrahebat
michi: qm sequebar bonitatem
Ne derelinquas me dne deus meus: ne dif
cesseris a me
Intende in adiutorium meum: dne ds
saluris mee dne in celo misericordia tua

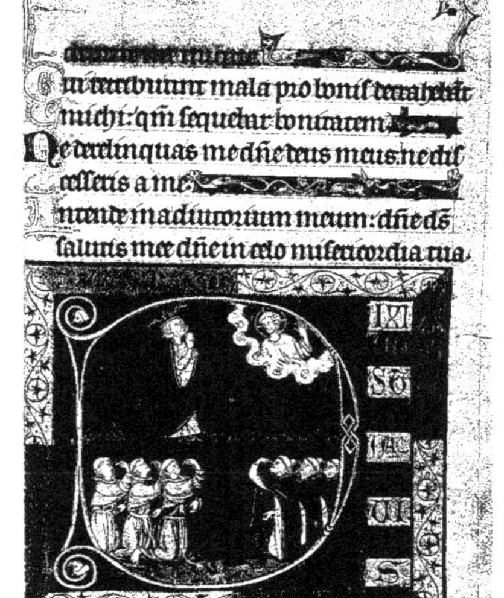

XIII

PSAUTIER DU TEMPS DE SAINT LOUIS
COMMUNIQUÉ PAR LE COMTE DE CRAWFORD

(Notice, p. 111)

———

Miniatures du folio 11 : La Multiplication des pains ; la Barque de saint Pierre ;

la Réponse de Jésus à la Chananéenne ;

la Guérison du sourd et muet ; l'Entretien de Jésus avec la Samaritaine.

XIV

BIBLE DE L'ANNÉE 1327

(Ms. latin 11935 de la Bibliothèque nationale)

Page contenant dans les interlignes de la seconde colonne la souscription des enlumineurs Jean Pucelle, Anciau de Cens et Jaquet Maci.

(Voir la Notice, p. 74 et 75.)

uiue splendidu tanqm cristallu; pro-
cedentem de sede dei 7 agni. In medio pla-
tee eius. 7 ex utraqz pte fluminis lig-
num uite afferens fructus .xij. p men-
ses singulos reddens fructu suu. Et fo-
lia ligni ad sanitate gentiu. Et om-
ne maledictu no erit amplius. Sed sedes dei 7 agni in illa erunt. Et serui ei
seruient illi. Et uidebut faciem eius
7 nomen eius in frontib; eoz. Et nox
ultra no erit 7 no egebut lumine lu-
cerne neqz lumine solis. qm dns deus
illuminabit illos. 7 regnabunt in secula seculoz. Et dixit michi. hec uba fide-
lissima 7 uera sunt. Et dns deus spi-
uu ppharum misit angelum suu
ostendere seruis suis que oportet fieri
cito. Et ecce uenio uelociter. Beatus
qui custodit uerba pphecie libri huius.
Et ego iohannes qui audiui 7 uidi
hec. Et postquam audissem 7 uidisse(m)
cecidi ut adorarem ante pedes angeli
qui michi hec ostendebat. 7 dixit michi.
uide ne feceris. Conseruus enim tu-
us sum 7 fratrum tuor ppharum 7
eor qui seruant uerba pphecie libri huius. deum adora. Et dixit michi. Ne
signaueris uerba pphecie libri huius.
tempus enim prope est. Qui nocet. no-
ceat adhuc. 7 qui in sordib; est. sordes-
cat adhuc. Et iustus iustificetur adhuc. Et sanctus sctificetur adhuc. Ecce
uenio cito 7 merces mea mecum est
reddere unicuiqz sedm opera sua. Ego
sum alpha 7 o. primus 7 nouissimus.
principium 7 finis. Beati qui lauant
stolas suas in sanguine agni. ut sit
potestas eor in ligno uite. 7 p portas
intrent ciuitatem. Foris aut canes 7
uenefici. 7 impudici. 7 homicide. 7 idolis
seruientes. Et omnis qui amat 7 facit mendaciu. Ego ihs misi angelu

meu testificari uobis hec in ecclesiis.
Ego sum radix 7 genus dauid stella
splendida 7 matutina. Et spontus et
sponsa dicunt ueni. Et qui audit. di-
cat ueni. Et qui sitit ueniat. Et qui
uult accipiat aquam uite gratis. Co-
testor enim omni audienti uerba p-
phecie huius libri. Siquis apposuerit
ad hec. apponet deus sup illum plagas
scriptas in libro isto. Et siquis dimi-
nuerit de uerbis libri pphecie huius. au-
feret deus partem eius de libro uite 7
de ciuitate sancta. 7 de hijs que scripta
sunt in libro isto. Dicit qui testimo-
nium perhibet istor. Etiam uenio cito. amen. ueni domine ihu. Gratia
domini nostri ihu xpi cum omnibz
uobis amen.

Explicit textus biblie. Robertus
de Billyng me fecit. Amen.

XV

BRÉVIAIRE DE BELLEVILLE

(Notice, p. 81)

Page du premier volume (fol. 33), au bas de laquelle se voit,
à moitié rognée, une note de J. Pucelle.

(Voir la Notice, p. 75.)

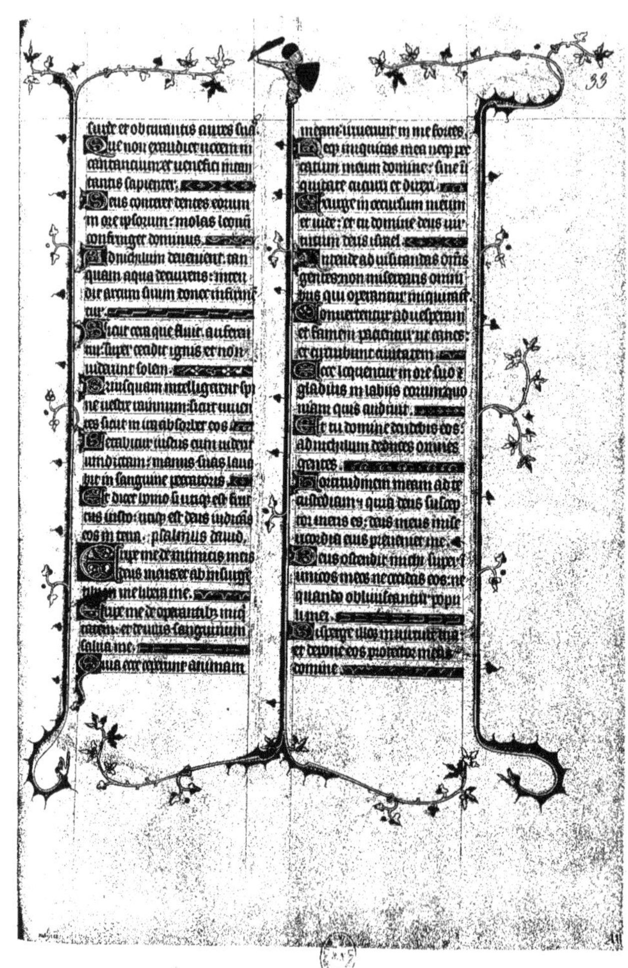

33

XVI

BRÉVIAIRE DE BELLEVILLE

(Notice, p. 81)

Dernière page du calendrier du tome Iᵉʳ.

Une lacération du haut du feuillet a fait disparaître la partie inférieure de la miniature
représentant la Vierge au-dessus d'une porte de la Jérusalem céleste, et saint Paul
évangélisant les Hébreux.

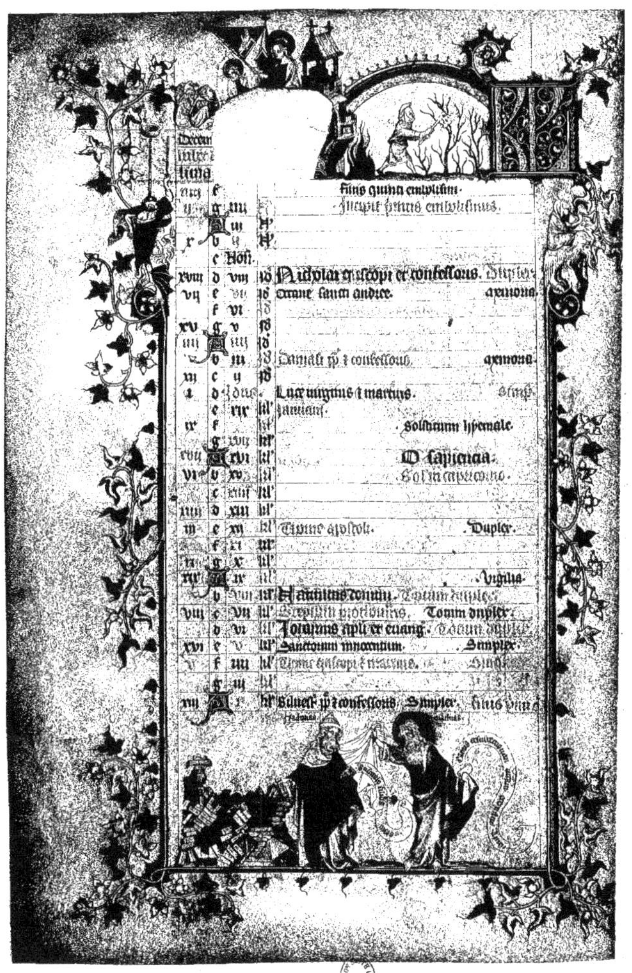

December · inter · [illegible]

fius quinta embolismi.
Incipit primus embolismus.

	f			
y	g	iii		
	A	ii		
r	b			
	c	Non.		
xviii	d	viii	id	Nicholai episcopi et confessoris. Duplex
vii	e	vii	id	Octaue sancti Andree. ...axi nona
	f	vi	id	
xv	g	v	id	
iiii	A	iiii	id	
	b	iii	id	Damasi pape et confessoris. ...axi nona
xii	c	ii	id	
i	d	Idus		Luce virginis et martyris. Simpl.
	e	xix	kl'	Ianuarii.
ix	f	xviii	kl'	Solstitium hyemale
	g	xvii	kl'	
xvii	A	xvi	kl'	O Sapientia.
vi	b	xv	kl'	Sol in capricorno.
	c	xiiii	kl'	
xiiii	d	xiii	kl'	
iii	e	xii	kl'	Thome apostoli. Duplex.
	f	xi	kl'	
xi	g	x	kl'	
xix	A	ix	kl'	Vigilia
	b	viii	kl'	Natiuitas domini. Totum duplex.
viii	c	vii	kl'	Stephani prothomartyris. Totum duplex.
	d	vi	kl'	Iohannis apostoli et euangeliste. Totum duplex.
xvi	e	v	kl'	Sanctorum innocentium. Simplex.
v	f	iiii	kl'	Thome episcopi et martyris. Simpl.
	g	iii	kl'	
xiii	A	ii	kl'	Siluestri pape et confessoris. Simplex. finis [illegible]

XVII

BRÉVIAIRE DE BELLEVILLE

(Notice, p. 81)

Commencement du psaume LXXX (fol. 45 v° du premier volume).

La miniature du haut représente David dansant devant l'arche. Les sujets peints au bas de la page s'expliquent par la légende *Estote sobrii et vigilate*, qui accompagne les peintures similaires sur le folio 40 du second volume de ce même bréviaire. C'est une représentation de la Tempérance.

(Voir la Notice, p. 92.)

XVIII

LE TRÉS BEAU BRÉVIAIRE DE CHARLES V

(Notice, p. 89)

—

Commencement du psaume cix (fol. 261).

Au bas de la page, représentation du jugement dernier.
Le sujet de la miniature figure ici la Justice dans la série des Vertus.

(Voir la Notice, p. 92.)

XIX ET XX

BRÉVIAIRE DE LA REINE JEANNE D'ÉVREUX
FEMME DE CHARLES LE BEL

(Notice, p. 65)

XIX. Page de texte contenant le commencement de l'office de saint Louis, avec miniature représentant le saint roi.

XX. Page de texte contenant le commencement de l'office de la translation de la sainte couronne, avec miniature représentant la procession de la châsse de cette relique.

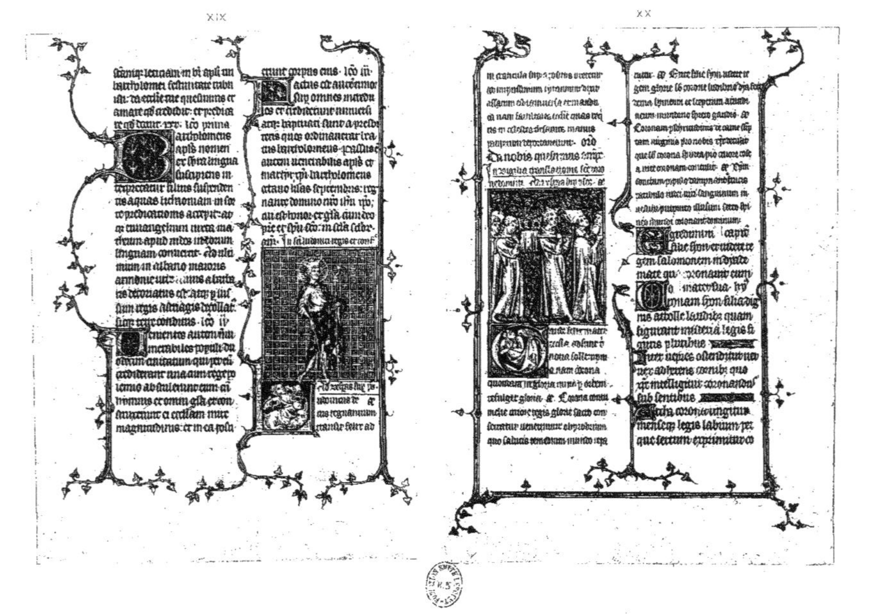